五・七・五で
伝える刑事弁護
その原点と伝承

神山啓史 編著

編集協力『五・七・五で伝える刑事弁護』刊行委員会

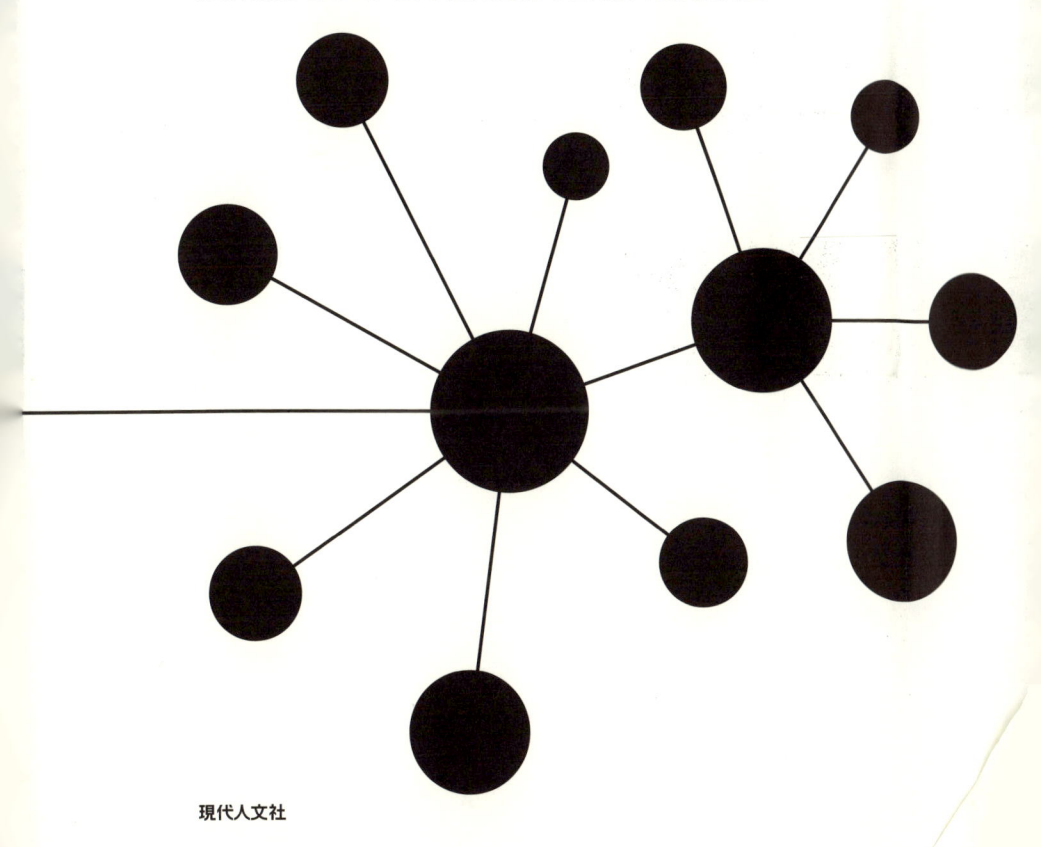

現代人文社

「責任もって具体的なアドバイスができないのであればプロではない」。

　私が神山啓史先生から聞いた言葉の中でも、特に印象に残っているものです。

　新人の頃、何をするにも自信を持てず、これでいいのだろうか、と悩んでばかりでした。接見のとき、こういう選択肢もあるし、こういう選択肢もある、どれにするかは選んでください、というアドバイスをしたこともあります。今思えば非常に恥ずかしい話です。そんなときに、冒頭の言葉を聞き、はっとするとともに、弁護士というのは、そういう仕事なのだ、と身の引き締まる思いをしたことをよく覚えています。

　私よりも経験があり、そして神山先生とも付き合いが深い諸先輩方が多くいらっしゃる中で、神山先生を語るなどというのはおこがましい話ですが、私から見た神山先生について少しお話したいと思います。

　私は、修習生のとき、東電女性社員殺人事件に関する講演で、初めて神山先生と出会いました。第一印象は声が高い、全然怖そうに見えない、というものでした。見た目と同じように神山先生は、とても気さくな方です。

　東京で就職することが決まり、東京弁護士会（東弁）所属の事務所のボスからは東弁をすすめられました。弁護士会のことはよくわかりませんでしたが、当時、刑事事件に関心を持っていた私は、ボスにぜひとも神山先生のいる第二東京弁護士会（二弁）に入りたいとお願いをし、二弁に入りました。そこで、神山先生の研修を多く受け、学びました。

　私は、神山先生の凄さの一つは、誰よりも強いプロ意識だと思っています。東電女性社員殺人事件で、一審無罪だったにもかかわらず、東京高裁が職権で勾留を決め、その判断を最高裁が支持した話は有名な話です。神山先生が、その判断について、「良くない判例を残してしまった。これは変えなければならない。」とおっしゃっていたのがとても印象的です。再審無罪を勝ち取るだけ

でも十分な成果です。それでもその言葉が出てくるのは、一つひとつの事件に対し、真摯に向き合い、何をするにも手を抜かないからこそだと思います。

　神山先生は、プロとして、結果を求め、決して手を抜きません。当たり前の話ですが、すべての事件で実践できている弁護士はそれほど多くないのではないでしょうか。それを今でもできる神山先生は本当に凄いと思います。私は、そんな神山先生の姿を見て、自分がいかに楽をしようとしているかを認識し、反省する日々です。私にとって神山先生は、憧れの存在であるとともに、もっとやるべきことがあるのではないかと自問するきっかけをいただく存在でもあります。

　この書籍には、神山先生渾身の5・7・5が108句収録されています。私と同じような想いを持って神山先生に師事する刊行委員と神山先生が、構成から議論を重ねて完成させた書籍です。直接、神山先生とお話しなくても神山イズムを感じられるこの書籍は、刑事弁護の将来を担う多くの刑事弁護人に読んでいただきたいものです。この書籍を読み、私たちと同じように感銘を受け、一生懸命に刑事弁護に取り組む仲間が増えていくことを刊行委員一同願っています。

2019年9月10日

刊行委員会を代表して

大薗昌平　弁護士

腕磨き　感じ腑に落ち　伝え継ぐ

卒業する司法修習生に贈る言葉です。

「君たちはこうしてほしい」と言っています。

第1に、研修を受け、トレーニングを積んで腕をみがいてください。

研修についていけるだけの基礎は伝えたはずです。

研修を受けなければその基礎は上を作りません。

第2に、みがいた腕を実践で使ってみて、その心地よさ、高揚感を感じてください。

そして、その技術の有効性、すぐれた点を納得してください。

技術は、実際に試してみて、「なるほど」と腑に落ちなければ身につきません。

第3に、感じ、腑に落ちたら、そのことを後輩に伝え継いでください。

誰も、いずれ先輩になり、後輩を持ちます。

自分の経験を、実感を、ぜひ次の人に伝えてください。

君たちがこうしてくれたら、この国の刑事弁護はどんどんよくなっていくはずです。

刑事弁護の未来は君たちの肩にかかっています。

僕ならば　十と七文字　和の心

いつも、同世代の2人の弁護士を意識しています。

岡慎一弁護士と高野隆弁護士です。

厳密な正確性にこだわる岡弁護士。

横文字でインパクトを与える高野弁護士。

尊敬するとともに、負けたくないという気があります。

17文字という枠の中で、純和風。

2人とは全くちがうものを生み出す。

それが、「五・七・五」の源流です。

物事の要点は3つにまとめられると言われます。

五・七・五は3つのことをまとめるには、とても合っています。

「全ての講義を五・七・五でやれないか」と考えました。

傑作も駄作もあります。

和のリズムが記憶に残り、伝え継ぐ役に立てれば望外の喜びです。

五・七・五で伝える刑事弁護
その原点と伝承

目次

第1部

五・七・五で伝える 刑事弁護100句

神山啓史

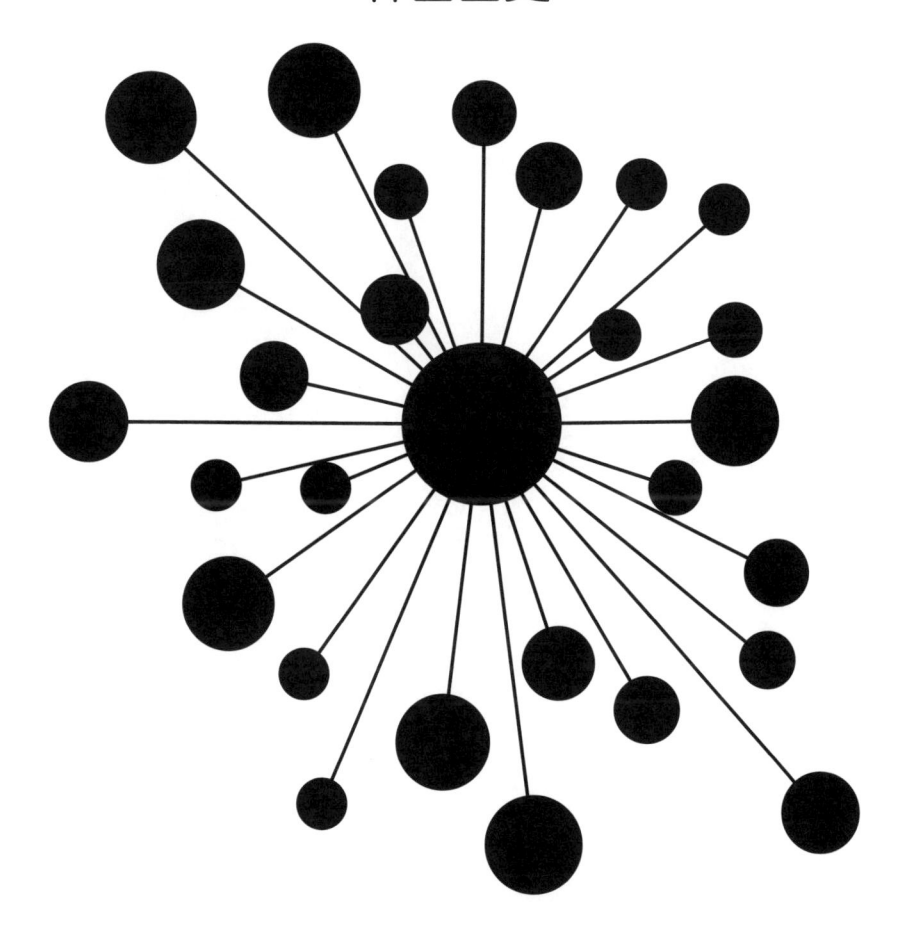

講義する神山啓史弁護士（2019年3月9日、TATA法廷教室／TKC東京本社2階）

1

証明し　事実をもとに　論を説く

法律実務家として、身につけなければならない能力は何かを示したものです。

「証拠」から「事実」を証明し、事実を根拠にして、自分の主張が正しいことを論じる能力です。

思うに、この能力は、法律実務家だけでなく、民主主義社会に生きる社会人は誰でも基本的に身につけておくことかもしれません。

民主主義社会においては、意見を述べそれに賛同してもらわなければ意見を通すことはできません。

賛同してもらうためには、主張が正しいことを説得して共感してもらわなければなりません。

事実の裏付けのない主張は、決して人を説得することができません。

私たちは、「証明し　事実をもとに　論を説く」ことで自分の主張に対する賛同を得るのです。

2

判断し　助言与えて　責をとる

刑事弁護人の仕事とは何かを示したものです。

依頼者は「えん罪を晴らしたい」「刑を軽くしたい」という希望を持ち、そのためにどうすればよいのかというアドバイスを求めています。

刑事弁護人は、その時点において、最善の対応は何かを判断して、助言をしなければなりません。

そして、その助言には、全責任を負わなければなりません。

判断がつかないから、責任をとりたくないからといって、「Aという方法もあるしBという方法もある。どちらがいいかあなたが考えて」という態度は、

「無責任」であり「プロ」ではありません。

　ベストの助言を考え抜いて、依頼者の利益・権利を守るからこそやりがいがあるのです。

　「判断し　助言を与えて　責をとる」ことができないのであれば、刑事弁護は絶対にしないでください。

　Q　刑事弁護をしていると、どうしても判断に迷うことがあります。接見の際、依頼者に取調べ対応を尋ねられたとき、その場で適切な助言をしなければなりません。

　それでよかったのだろうか、とあとになってから思うこともしばしばです。

　神山先生も判断を迷うことがあったと思います。そんなとき、どのように判断を決めているのか教えてください。（編集委員・大薗）

　A　時間があれば、まず少し落ち着いて、「なぜ迷っているのか」を考えます。

　先の予測がAもBもあり甲乙つけがたいというのか、自分の考えは決まっているが、被疑者の個性等を考えて踏ん切りがつかないのかなど、分析をすると決断の対象がはっきりしてきます。

　そして必ず誰かに相談し、意見を聞いています。

　これはすごく大事だと思います。

　それができる友人、仲間を持つことが、全てと言っても過言ではありません。

　そうだからこそ、「ひとり練り　友と議論し　師に質す」、「耳痛く　頭ひろがり　目を見張る」、「複数で　相談・補充　支えあい」など、そのことが何度も登場しています。

　私は迷ったら、「基本どおりにする」と決めています。

　供述ではなく「黙秘」、同意ではなく「不同意」、そして「争う」。

　ともかく、そうしておけば大失敗はありません。

　そして、方針を変更することに不利益もありません。（神山）

3

最善を　説いて従い　なお尽くす

誠実義務とは何をする義務なのかを示したものです。

第1に、収集した事実をもとに、依頼者に対して最善の方針は何かを自分で判断します。

第2に、その判断に基づいて、依頼者に対し「○○しなさい」と助言します。

この場合、依頼者がそれを望んでいなくても、弁護人がこうすべきであると思えば、遠慮なく言うべきです。

もちろん、事実をもとにして理をもってていねいに説明することが必要です。

そして、依頼者と十分に議論をすべきです。

依頼者が弁護人の考えに納得したら、その方針が確定します。

第3に、十分に議論しても最終的に依頼者が納得しない場合には、依頼者の意思に従う義務があります。

そして依頼者の意思に従った最善の努力を、なお尽くす義務があります。

「最善を説いて」それでも方針がちがえば、「従い　なお尽くす」。

刑事弁護人は最後まで依頼者の味方です。

4

法廷で　見せて聞かせて　あとはなし

裁判員裁判における公判中心主義に対する心構えです。

裁判員は、法廷で見たこと、聞いたことで心証をとり、判断します。

弁護人の書いた書面を法廷外で読むことはありません。

ですから、裁判員を説得しようと思えば、書面の朗読も、証人尋問も、冒頭陳述　最終弁論も、法廷でわかりやすく見せて聞かせて理解してもらう必要があります。

法廷外でフォローすることはできません。

　そのためには、法廷がはじまる前に、弁護人の求める結論とその結論を導く理由（説得の論拠）を明確に把握していなければなりません。

　「法廷で　見せて聞かせて　あとはなし」という覚悟を持て！

5

はっきりと　事前につかむ　勝つ理由

　ケースセオリー（説得の論拠）の必要性を示したものです。

　裁判員裁判では、公判中心主義、集中審理が徹底されます。

　裁判員は、法廷で見て聞いて心証をとり、心証が新鮮なうちに一気に評議して判断を下します。

　まず、法廷外で書面を読んでもらうことはできませんので、口頭でわかりやすく主張を陳述することが必要となります。

　また、審理の途中で相手の出方を見ながら考えを詰めていくことも困難です。

　そこで勝つためには、弁護人が求める結論とその結論を導く理由（説得の論拠）を「明確に」かつ「裁判が始まる前に」確立していることが不可欠です。

　ゴールを見据えて、そこに導くために審理をするのです。

　「はっきりと　事前につかむ　勝つ理由」がなければ、迷走してしまいます。

6

ブレストし　論告考え　乗り越える

　ケースセオリーをつくる作業を示したものです。

　第1に、徹底的に事実（証拠）を収集した上で、複数の人間で依頼者の意思に添う事実（有利な事実）と依頼者の意思に反する事実（不利な事実）を、とことん洗い出し、重要なものは何かの議論をします。

議論の結果、例えば、有利な事実３つ（ベスト３）不利な事実３つ（ワースト３）を選択します。

　これをブレインストーミングと呼んでいます。（→「洗い出し　意味あい重み　どうからむ」）

　第2に、検察官の立場にたって、最も手強い論告を考えます。

　第3に、その論告を乗り越えることのできる弁論を考えます。

　弁論に説得力があれば、一応ケースセオリーはできたことになります。

　説得力がなければ、事実の収集（証拠）が不足しているのではないかから、検討をやり直します。

　どんな事件でも、「ブレストし　論告考え　乗り越える」作業は不可欠です。

7

洗い出し　意味あい重み　どうからむ

ブレスト（ブレインストーミング）で何をするのかを示したものです。

第1に、ありとあらゆる事実を全て洗い出します。

ケースセオリーは、全ての事実を矛盾なく証明できなければなりません。

見落していた事実が命取りになるかもしれません。

第2に、それぞれがもつ意味あいと重みを考えます。

被告人が犯人であることを示す方向の事実か、逆の方向の事実か、示すのは、どのような意味あいがあるからなのか、どのような経験則に基づいているか、示す程度は重いのか軽いのか、なぜ重いといえるのか、などを徹底的に検討します。

　第3に、それぞれの事実がどのよう関係しているのか、からんでいるのかを考えます。

　AとBは両立するのか、矛盾するのか、CはAを支えるのか、CはDも支えるのか、などを構造的に検討します。

　「洗い出し　意味あい重み　どうからむ」「こうも考えられる」「ああも考え

られると」、延々と続く作業を楽しむことが醍醐味です。

8

ウソを言う　動機・原因　解き明かす

「○○の『——』という供述は信用できません」という時、なぜ、○○さん
は誤った供述をしているのかを説明する必要があります。

「人は理由なく誤った供述をすることはない」と思うのが常識だからです。

供述者が誤っていると気づいていてなお供述しているとすれば、そうする動
機（被告人に恨みをいだいている、第三者の利益を図るなど）があるはずです。

供述者が善意で思い込んでいるとすれば、そうなった原因（ある特徴を見て
彼だと思い込んだ、ある事実を知らされてそんな出来事があったと思い込んだ
など）があるはずです。

「ウソを言う　動機・原因」を「解き明かす」ことがなければ、信用できな
いという意見は説明力がありません。

9

その証拠　何があったの　なぜあるの

事件現場に被告人の血痕が残っている、あるいは、事件当時の被告人の着衣
に被害者の血痕が残っているという事実を争わない。

「しかし犯人ではない」という主張をする場合には、犯人ではないのに、な
ぜそんな証拠が残っているのかを説明しなければなりません。

第1に、説明はストーリーによってされるということが必要です。

人は、犯人ではないとしたら、いったい何があったのだろうと考えるからで
す。

第2に、説明すべき証拠（事実）が複数ある場合、全ての証拠（事実）を一

連の一貫したストーリーによって説明することが必要です。

　証拠Aについての説明と証拠Bについての説明が、矛盾していれば信用されるはずがないからです。

　第3に、ストーリーはあり得ることとして腑におちるものであることが必要です。

　あり得ないとはいえないけれど、極めて難しいということでは信用しにくいからです。

　「その証拠　何があったの　なぜあるの」に応えて、「そうなんだ。だから犯人じゃないのにその証拠がそこにあったんだ。」と思ってもらえるかが勝負です。

10

ひとり練り　友と議論し　師に質す

　ケースセオリーを検討する作業を示したものです。

　第1に、自分自身でとことん練り上げることです。

　自分としては「これがベストだ」というところまで詰めて、はじめて次に進めます。

　第2に、自分で詰めたものを友人にさらし、友人と議論することです。

　一人では視野狭さくにおちいる危険があります。

　友人の率直な意見は大切な価値を持っています。(→「耳痛く　頭ひろがり　目を見張る」)

　第3に、最後は自分が尊敬している師匠に意見を聞くべきです。

　師匠は決して「いい」とは言わないと思います。

　しかし、だめなときは「だめだ」と言います。

　「ひとり練り　友と議論し　師に質す」こんな喜びがあるでしょうか。

　Q　刑事弁護は、接見の場でも、法廷でも、一瞬の決断の連続です。そして、その決断はすべて、依頼者の利益に直結する重みを持ちます。これでいいのか

という不安や、怖さを感じる場面も少なくありません。その中にあって、1人必死に準備をし、仲間と意見を戦わせ、師匠ともいえる先輩に質問するというプロセスは、勇気の源になると思います。

　私たちにとっては、神山先生がまさに師の1人です。神山先生にとっての、そのような先輩や仲間との思い出のエピソードをぜひご教示ください。（編集委員・髙橋）

　A　この五・七・五は、高山俊吉弁護士との対談（本書88頁）で出てくる、私より先輩の弁護士、私より後輩の弁護士がいる三世代の弁護団の体験がもとになっています。

　そこで学んだことは「ひとり練り　友と議論し　師に質す」という3段階が、この順序で不可欠だということです。

　1人で考え、友人と議論していなければ、先輩の判断を安易に受け入れてしまいがちになります。

　先輩も悩んでいるということがわからずじまいになります。

　そうすると、本当のところ自分の中で迷いのないものになっていないものです。

　東電女性社員殺人事件では、公判において証拠開示の前に被告人質問をするかどうか、徹底的に考え、そして議論しました。

　だからこそ、私は迷いのない弁護活動ができたと思っています。（神山）

11

耳痛く　頭ひろがり　目を見張る

　自分の事件を人前で発表し、議論することの重要性と効果を示したものです。
　第1に、批判を受けることです。
　自分で満足していては成長はありません。
　「傍目八目」と言います。

他人の目で見てもらってこそ問題点に気づきます。

第2に、知恵が広がることです。

一人の知恵には限界があります。

「三人寄れば文殊の知恵」と言います。

寄ってたかって「ああでもない」「こうでもない」というところからアイディアが生まれます。

第3に、感心したり、尊敬したりすることです。

他人の意見を聞いて「すごい！」と思わされることがあります。

「あの人はああするのだ」と目を見張ることは、自分も負けてられないという闘志を生みます。

他人の意見を聞けば、「耳痛く　頭ひろがり　目を見張る」ことを実感します。

12

複数で　相談・補充　支えあい

被疑者段階から、複数で弁護活動をする重要性を示したものです。

接見も一緒にするべきです。

第1に、取調べに対するアドバイスなどで迷った時、すぐに相談できます。

何よりも、接見室において、同じ情報同じ状況を共有しているからこそ相談できるのです。

第2に、事情聴取において、時機を失せず適確に補充できます。

聴いている者は気がつかなくても、横で聞いている者だからこそ気づけることがあるのです。

第3に、一人だと精神的に参ってしまうこともあります。

仲間がいればグチを言い合い、励まし、慰め合い、被疑者のために明日もがんばれるものです。

「複数で　相談・補充　支えあい」元気な弁護活動を！

13

早く会い　多くを聞いて　ズバリ言う

接見のイロハを示したものです。

第1に、一刻も早く被疑者と会うことです。

身体を拘束された人が援けを呼んでいます。

接見が遅れたために、不本意な供述がされてしまえば、とり返しがつきません。

第2に、多くのことを聞くことです。

被疑者の要望をかなえるために、何よりも情報が必要です。

事実の収集が足りなければ、判断をまちがう危険があります（→「聞いて得る　豊かな事実　断のもと」）。

第3に、助言は明確にすることです。

被疑者の要望をかなえるために、現時点での最善の判断をし、はっきりと「○○しなさい」と言わなければなりません。

あいまいな助言は百害あって一利なしです。

接見の要望がありました。

「早く会い　多くを聞いて　ズバリ言う」出動です。

14

聞いて得る　豊かな事実　断のもと

情報収集の重要性を示しています。

被疑者から相談を受け「どうなりますか」とか「どうすればいいですか」とか聞かれた時、何らかの判断をしなければなりません。

判断をするためには、基礎となる情報（事実）が必要です。

しかし、その情報はあらかじめ与えられてはいません。

目の前にいる被疑者から聞き取る以外にありません。

そして、十分な事実を聞き取ることができなければ判断を誤る危険があるのです（→「基礎のない　無能と怠惰　弁護過誤」）。

実務では、情報は自分で収集しなければなりません。

「聞いて得る　豊かな事実　断のもと」を肝に銘じてください。

15

基礎のない　無能と怠惰　弁護過誤

情報収集が不十分な場合の弁護過誤を注意したものです。

情報収集が足りなかったり、不正確だったりすれば、それに基づく判断が誤ったものになることは当然です。

懸命に情報収集をしたのだけれども、結果的に不十分だったこともあると思います。

問題は、能力がなかったり、能力はあるのにやる気がなくてさぼったりして、判断の基礎になる事実の収集がいいかげんだったときです。

それは絶対に許されません。

「基礎のない　無能と怠惰　弁護過誤」というらく印を押されます。

Q　刑事弁護では、弁護人ができる情報収集には限界があると思います。一方で、自分としては、十分だろうと思っても、実はほかにもできたことがあった、ということもあります。

神山先生は、情報収集をする際、どの程度までやれば、自分として情報収集を終えたと考えるのでしょうか。（編集委員・大薗）

A　私の頭の中には、いつも、師匠と呼んでいる先輩がいます。

先輩から、「どうしてそうしたんだ」と問い質される場面があります。

その時先輩に向かって、「○○も見ました。○○からも聞きました。○○

も探しました。〇〇も調べてみました。その上でこう判断しました。裁判所には認められませんでしたが、私はやることはやったと思っています。」と胸を張って言えるかどうかを考えています。

「言えるよな」と思えるまではやっているつもりです。

「見て聞いて　探す調べる　創り出す」、「二度はない　思い・感覚　知恵・工夫」は、その自分への戒めから生まれました。（神山）

16

思い込む　欠けるまちがう　誘導す

情報収集における思い込みの恐さを示したものです。

人間はすぐに何らかの思い込みを持ちます。

すると、情報が欠けている、抜けていることに気付かなくなります。

情報が、「裏付けがない」、「あいまい」、「不正確である」ことを見逃しやすくなります。

不十分で不正確な情報をもとに、ますます思い込みが深まります。

そして、思い込みに基づいて、「こうじゃないか」という誘導をするようになります。

「ハイ」と言わせて、思い込みはいよいよ堅牢になります。

「まっ白な頭で」なんてできません。

だからこそ、自分は、「思い込む　欠けるまちがう　誘導す」る危険があると自覚するのが第一歩です。

17

思い込む　見える見えない　視野狭く

人間は、思い込むと視野狭さくを起こします。

思い込むと、目の前にある証拠(事実)を、素直に見ることができなくなります。

　自分が期待している結論に沿う証拠（事実）は、光り輝いて見えます。

　自分が期待していない結論に沿う証拠（事実）は、見えなくなるか、価値の小さなものに見えます。

　その結果、判断を誤るのです。

　人間である以上、視野狭さくからは逃れられません。

　自分は視野狭さくしないと思っているとすれば、それが「思い込む　見える　見えない　視野狭く」そのものです。

　Q　証拠を見る時に、自分にすでに一定のバイアスがかかっていることはしばし感じることです。恥ずかしながら、弱点を軽視した結果、求める結論にたどり着けなかった事件も１、２件ではありません。

　しかしながら、刑事事件の証拠を読む時点で、弁護人は依頼者の話を聞いているのが通常です。裁判官のように証拠から入るということはありません。その状況で、どのように広い視野を維持し続けるのか、証拠の読み方や心構えについて、神山先生のより具体的なお考えがあれば教えてください。(編集委員・水橋)

　A　広い視野を維持し続ける具体的な方法があれば、私こそ教えてほしいと思います。

　私が言えることは、１人ではだめだということだけです。

　１人ではどんなに注意しても「思い込み　視野狭さく」になります。

　そうならないためには、他人との議論しかありません。

　そんな思いが、「ひとり練り　友と議論し　師に質す」「耳痛く　頭ひろがり　目を見張る」という五・七・五になりました。

　私はこうしています。

　他人と議論する時、あえて違う意見、見方を意地でも示したい。

　そうそううまくいくものではありませんが、それが、その場にいる者の仕事だと思っています。(神山)

18

見て聞いて　探す調べる　創り出す

事実の収集の方法です。

事実の収集の仕方に特別な極意はありません。

俗にいう、足でかせぐしかありません。

まず、過去にあった事実の中から使える事実を探してくる。

現場を見に行く。

人から話を聞く。

探す。

調べる。

それしかありません。

そして、今までにない事実、例えば被害弁償が未了であれば、何とか創り出すしかありません。

さあ、「見て聞いて　探す調べる　創り出す」作業で汗をかきましょう。

19

気を配り　裸示して　無理をせず

被害者対応の留意点を示したものです。

第1に、被害者（あるいは被害者遺族）の身になって、気を配ることです。

相手の悲しみ、怒り、不安などの気持ちは当然であり、その身になって、自分の言動がどのように思われるかを考えておくことです。

第2に、被告人（あるいはそれを支える人々）にとってできることとできないことがあります。

かけ引きをすることよりも、例えば「このような生活状況であるのでいくらしか用意ができない」など、ありのままを伝えるのがよいと思います。

相手から見て「誠意ある対応」とは何かを考えてください。

第3に、決して無理はしないことです。

依頼者のために示談にしたいと努力することは大事です。

しかし、本当に大事なのは、被害者側が「納得して合意した」という事実です。

「許す」という文言と引き換えに金を払うという交渉は、「無理強い」だと思います。

自分が心を開くのは、「気を配り　裸示して　無理をせず」対応してくれる人ではないでしょうか。

20

要件に　事実と理念　我が正義

身体拘束からの解放に取り組む考え方を示したものです。

法律の世界は、要件→効果という世界です。

身体拘束という人身の自由の制限は、刑訴法60条に定める要件がなければ絶対に許されません。

弁護人は被疑者の立場に身を置き、十分な事実を収集した上で、事実と憲法・刑訴法の理念をもとに、本当に要件を充たしているのかどうかを検討しなければなりません。

そして、たとえ罪を犯したことを疑う相当な理由があったとしても、住居もあり、罪証隠滅すると疑うに足りる相当な理由も、逃亡すると疑うに足りる相当な理由もないと考えるのであれば、検察官・裁判官の判断を争うべきです。

それが、法律家の役割です。

正解を当てるのではありません。

自分の正義を貫くのです。

「要件に　事実と理念　我が正義」

君の正義が問われています。

21

正義感　知識・経験　自尊心

身体拘束からの解放に取り組む場合の障害を示しています。

障害は弁護人の心の中にあります。

第1に、素朴な正義感が邪魔をします。

「冤罪」を訴えていれば、誰でも一所懸命になります。

ところが、罪を犯したことが間違いないとなると、弁護士も人の子、「しばらく拘束して反省させたほうがよい」という気になります。

しかし、これは事件を受任している弁護人が考えることではありません。

第2に、判例の知識や実務の経験が邪魔をします。

知識・経験が増えてくるほど、自分では「おかしい」と思うけれども、「判例上、実務上、しかたない」と思うようになります。

これは危険です。

「長いものには巻かれろ」は楽です。

しかし、長いものに巻かれるのであれば法律家はいりません。

第3に、自尊心が邪魔をします。

申立が通らないとか、請求を棄却されるのは「恥しい」のです。

「申立が通り、請求が認められるのであればやります」というのは卑怯です。

自分が正しいと思えば戦いを挑んでみる。

その心意気を失わないでください。

「正義感　知識・経験　自尊心」を乗り越えてください。

22

顔を見せ　心を見せて　汗をかく

被疑者・被告人との信頼関係を築く方法です。

初対面の人と信頼関係を構築するのは非常に難しいことです。

やれることは限られています。

それをするしかありません。

第1に、何度も会うことです。

短時間でもいいので、何度も、接見に行き顔を見せる。

人は何度も会うことで顔なじみになります。

第2に、弁護人は正直であるべきです。

初対面から、いきなり、「君のいうことは信じられない」と疑問をぶつけるのはよくありません。

しかし、ある程度の関係ができたら、納得のいかないことは、「納得いかない」「おかしいと思う」など率直に疑問を問い質すべきです。

本当は、疑問に思っているのに、口先だけ「ふんふん」と言っていると、相手には「本当は信じていないくせに口先だけ肯いている」とバレています。

そんな弁護人を誰が信頼するでしょうか。

第3に、弁護人も汗をかく行動をするべきです。

被疑者からの捜査官の言動について訴えを聞けば、捜査官に抗議に行く。

調査を頼まれれば、できる範囲で調査する。

ただ助言するだけでは、信用されません。

「私もやるから、君もがんばれ」でしょう。

「顔を見せ　心を見せて　汗をかく」ことはやればいいのです。

23

顔見せず　心を見せず　説教し

信頼関係の結べないだめな接見は、こうです。

接見回数が少ない。

接見する必要がないと思っています。

腹を割った会話をしない。

信頼関係をこわすことをこわがっています。

接見では「説教」ばかりする。

反省させなければと思っています。

胸に手を当ててふり返って見てください。

「顔見せず　心を見せず　説教し」てませんか？

24

与えるか　結論示し　責をとる

取調べ対応の助言の重さを示したものです。

「話してもいい」という助言は、捜査機関に情報を与えることです。

「署名してもいい」という助言は、捜査機関に証拠を与えることです。

　本当にこの事件において、この時点で「情報」を与えていいのか、「証拠」を与えていいのか、あとで後悔させないかを徹底的に検討して決断します。

　そして決断に従った明確な結論を示し、その助言の全責任を一身にとります。

　結論を示すのは、弁護人の責務です。

　それが「恐い」のならバッチを返してください。

　捜査段階で弁護人になるということは、「与えるか　結論示し　責をとる」ことです。

25

真実を　隠して守る　黙秘権

黙秘権とは何かです。

　人間はどんな時でも、しゃべらないという完全な自由を持っています。

　いかなる場面でもしゃべることを強制することはできません。

　供述の自由は、内心の自由と直結した完全な自由権です。

「それでは、真実が闇に葬られてしまうことになる」と批判されます。

黙秘権とはそれでよいとする権利です。

人間の知恵が、無理に供述させることによる人権侵害の深刻さは、真実が解明できないことよりも重要だと考えたのです。

堂々と「真実を　隠して守る　黙秘権」を行使しましょう。

Q　神山先生は、もう何十年にわたって、「黙秘権の行使」という戦い方を実践されてきたと伺っています。最近になってようやく「黙秘は武器になる」という考え方が広がってきました。しかし、まだまだ「黙秘をさせると不利になるのではないか」という不安感等から、徹底できない弁護士も少なくないと聞きます。

そこで、迷いのある弁護士への励みになるよう、黙秘を徹底できなかったことにより後悔が残ったケースや、黙秘を徹底できたことにより戦うことができたケースなどをご紹介ください。（編集委員・久保）

A　捜査官は被疑者の供述がないということに大きな不安をもちます。

その不安が起訴を慎重にさせます。

黙秘を徹底することの大事さを思い知ったのは、捜査段階の否認供述で痛い目にあったからです。

被疑者が「疑いを晴らすためにも供述したい、内容にまちがいもない」というので、黙秘の指示を貫きませんでした。

ところが公判では、否認供述の内容が客観的状況とくいちがい、被告人は一貫していると言いますが、どう見ても公判での供述が微妙に変わりました。

その結果、否認供述は信用できないと判断され、有罪になりました。

その思いが、「正確か　知覚・記憶に　後悔し」の五・七・五になりました。

一方、東電女性社員殺人事件では、黙秘を貫くことができたからこそ、一審の無罪判決、再審の無罪判決が勝ち取れたと思います。

また、オウム真理教事件では、結局、被疑者は供述をしますが、「黙秘をするべきだ」と指示し続けたことで、捜査官への供述を必要最小限にとどまらせ

ることができたと思います。

　ただ、これらのことは、結局、自分自身で体験しなければ、本当のところは
理解できないことかもしれません。

　私もそうでした。(神山)

26

正確か　知覚・記憶に　後悔し

供述させることの不安を示したものです。

「犯人であれば、犯行を正確に供述できるはず」というのは虚構です。

　人間は本当は存在していても、そもそも知覚できていないことがあります。

　知覚できていたとしても、記憶していないことがあります。

　一度記憶したとしても、忘れてしまうことがあります。

　記憶したことが、変容してしまうことがあります。

「私は正確に記憶しています」とその人がどれだけ自信を持っていても、その確証はありません。

　よかれと思って供述したことが、あとで証拠と矛盾する。

　あとで間違いに気がついたり、これまで供述していなかったことを思い出したりして、供述が変遷する。

　そのことで、被告人の供述は信用できないという攻撃を受ける。

　そうなって後悔させても遅いのです。

　供述しなければ、「正確か　知覚・記憶に　後悔し」ないのです。

27

証つくり　抗議残して　防止策

被疑者から違法不当な取調べを受けたという訴えを聞いた時の作業です。

第1に、いつ、どこで、誰から、何と言われた、何をされた、それでどうした、なぜそうした、という具体的な状況を聞き取り、書面化して確定日付を取り、訴えがあったことの証拠を残します。

第2に、捜査機関に対して抗議をする、裁判所に対して勾留取消請求をするなどの行動を残します。

何もしなければ、本当に訴えがあったのか、訴えがあったとしても弁護人が本気になるような内容だったのか、という疑問を受けます。

第3に、同じことを防止するために、これからの取調べに対してどのように対応するかという助言を示します。

最後は、「次はいつ接見にくる」という約束をして、少なくとも「それまでの間がんばって助言に従うよう」に言います。

そして、接見の都度、助言を守れているか、取調べ状況は改善しているかを確認します。

「証つくり　抗議残して　防止策」をくり返します。

28

類型は　いつも（5号）悩まず（7号）　やっておく（8号）

どんな事件も、当然にやっておくルーティンワークの類型証拠開示請求です。

第1に、供述内容の信用性を検討するためには、その供述者の全ての供述録取書等を見ておく必要があります（5号）。

供述内容に変遷がないか、欠落がないか、という確認は不可欠です。

第2に、被告人の供述内容についても、被告人の全ての供述録取書等を見ておく必要があります（7号）。

第3に、被告人については取調状況も確認しておくべきです（8号）。

これらは被告人からあらためて事情を聴取する際に不可欠の材料になります。

以上の3つは頭を悩ませることではありません。

常にさっさと、やるべき請求です。

どんな事件でも、「類型は　いつも悩まず　やっておく」義務があります。

29

必要か　わかりやすいか　適当か

　検察官の請求する書証に対する意見のポイントを示したものです。

　書証は、法廷で全文朗読されます。

　あとで読むことはありませんので、朗読を聞いて理解できるものでなければなりません。

　あとで、裁判官が説明することもありません。

　むしろ、あってはだめです。

　そこで、書証の内容に誤りがなかったとしても、安易に同意すべきではありません。

　まず、弁護側にとって不必要な事実は、不同意にすればいいだけです。

　検察官がどうしても必要なら人証で立証するでしょう。

　裁判員によけいな情報を与えるのはよくありません。

　逆に弁護側にとって、必要な事実は裁判員に十分に理解してもらわなければなりません。

　わかりやすさから言えば、書証の朗読よりも証人尋問が圧倒的に有効です。

　あえて、証人尋問をしてもらうことを考えます。

　弁護側にとって必要な事実でもあるけれども、証人尋問ほどのことはないという場合も、捜査書類そのものを同意するかどうかは検討の余地があります。

　捜査書類は、一般にわかりにくくよけいな情報を含み捜査官のドライブがかかっていることもあります。

　真に必要な情報にしぼり、朗読してわかりやすい「合意書面」を作成することを提案すべきです。

　法廷で聞く裁判員の身になって「必要か　わかりやすいか　適当か」を考えてみましょう

30

言ってない　言わせられたの　任意なし

被告人の供述調書の証拠調請求に対して、任意性を争い証拠能力がないと主張する場合に、2種類あることを示しています。

第1に、供述調書に署名押印をしたけれども、そもそもそのような供述をしていないという場合があります。

証拠になるのはあくまで「供述録取書」であり、供述がないのであれば「供述録取書」の要件を欠きます。

供述の有無を確認するために、録音録画をさせる必要があります。

第2に、そのような供述をしたけれども、任意に供述したのではない、供述させられたのだという場合があります。

これまで、「任意性は争わない、信用性を争う」という意見もありました。

しかし、この場合は「被告人は任意にウソの供述をした」ということになります。

判例の示す典型的な「暴行・脅迫・約束・偽計」などがなくても、取調べではなく、例えば喫茶店で事情を聞かれていたら、こんな供述はしなかったのだというのであれば、任意性はないと言うべきです。

供述が任意にされたという立証は、検察官がしなければなりません。

「言ってない　言わせられたの　任意なし」に遠慮はいりません。

31

留保して　先に質問　あと不要

被告人の供述調書に対する意見を示したものです。

検察官は、被告人の身上、経歴、犯行状況などを立証するために捜査官が作成した被告人供述調書を請求してきます。

これまでは、記載されている内容に誤りがなければ「同意」をして証拠調べがされ、足りないことを被告人質問で聞いていました。

このやり方は実に不可解です。

「目の前に被告人がいるのにどうして直接聞かないで調書を朗読するのか」と多くの裁判員が疑問を感じました。

そのとおりです。

そこで、内容がまちがいない調書でも次のように意見をいうべきです。

「不同意です。審理に必要な事実は被告人質問で明らかになりますので、被告人質問が終るまで採否を留保してください」

直接法廷で弁護人、検察官、裁判員、裁判官が聞きたいことを聞けば、それ以上に調書を採用する必要性はなくなります。

「留保して　先に質問　あと不要」で公判中心主義を実現しましょう。

32

直接に　見て聞きつかむ　人となり

被告人質問の重要性を示したものです。

否認事件では、被告人が信用できる人物であると感じてもらわなければなりません。

自白事件では、被告人が反省し、きちんとやり直せる人物であると感じてもらわなければなりません。

その大きな機会（チャンス）であり、武器が被告人質問です。

被告人の身上・経歴・争いのない事実などは、捜査段階の供述調書の朗読ですませることもできます。

しかし、それで、被告人の人となりをわかってもらえるでしょうか。

私たちは、少しでも長い時間、他人に接して、その人となりをつかもうとします。

裁判員に被告人が話す姿、態度、声、口調などを少しでも長く見てもらうこ

とが大事です。

　身上・経歴は被告人自身に、これまでの自分、人生を語らせることになります。

　自白事件における犯行状況は、被告人が自分の過ちを見つめながら、なぜこんなことをしてしまったかをふりかえることになります。

　それらを通じてこそ、裁判員に被告人の人間性を感じてもらえるのではないでしょうか。

　裁判でこそ、「直接に　見て聞きつかむ　人となり」が大事にされなければならないのです。

33

結果見え　さぼるヘタする　罪二つ

　結果が見えている事件には、大きな落とし穴があります。

　事件の中には、覚せい剤自己使用の初犯のように「執行猶予」という結果が見えている事件があります。

　このような事件は、どんなに手を抜いた弁護をしても、下手な弁護をしても「執行猶予」という結果が出ます。

　これは恐ろしいことです。

　1つは、どんなに手を抜いた弁護をしても、下手な弁護をしても依頼者から感謝されることです。

　それでは自分に厳しくなりようがありません。

　刑事弁護を甘く考え、なんの研鑽も積まないだめな弁護士になるだけです。

　もう1つは、被告人に裁判の感銘力がないということです。

　情状証人を探さなくても、十分反省させなくても、生活態度を立て直さなくても執行猶予になるのです。

　結果がわかっていても、被告人にとって最高・最善の弁護をするべきです。

　弁護人にできることは、被告人が、弁護人が一所懸命にやってる姿を見て、

「少しはまじめにやるか」と思ってもらえるのがせいぜいのことです。

　手を抜いた情状弁護は「再犯を生む」と私は信じています。

　「結果見え　さぼるヘタする　罪二つ」をつくらないでください。

34

事実持ち　説明示し　論理持つ

　量刑事件の弁論において、必要な3つの要素を示したものです。

　第1に、事実が必要です。

　事実を出して評価を論じる根拠を持たなければなりません。（→「事実出し　評価論じる　根拠持つ」）

　根拠のない話を信用する人はいません。

　第2に、事実の説明が必要です。

　その事実がどうして量刑を軽くすることとなるのか、軽くするとしてどのくらいの程度になるのか、どうしてそういえるのか、説明しないと裁判員には理解されません（→「その事実　どうして有利　どのくらい」）。

　理解できない話を検討する人はいません。

　第3に、弁護人が望む量刑が正しい相当な量刑だという論理が必要です。

　「よくわからないけれども、いろんな事実を総合するとそうなんです。だからお願いします。」と言っても、裁判官は了解してくれません。

　裁判員をして、「なるほど、検察官の求刑より説得される」と言わせなければなりません（→「論理なく　ら列お願い　あきれ顔」）。

　「事実持ち　説明示し　論理持つ」それではじめて人は納得するのです。

35

事実出し　評価論じる　根拠持つ

　量刑事件の弁論においても「事実」の重要性を示したものです。

　「被告人は二度と××することはありません」

　これでは評価を主張しているだけで証拠がありません。

　「被告人は法廷で『反省しています』と供述しています。」

　証拠として被告人の供述を指摘したのでしょうが、これではこの証拠（被告人供述）が信用できる論証がありません。

　「○○という証拠から、●●という事実が認められます。

　□□という証拠から、■■という事実が認められます。

　以上2つの事実は、被告人の供述が信用できることを示しています。

　加えて、△△という証拠から▲▲という事実が認められます。

　◇◇という証拠から◆◆という事実が認められます。

　これらの事実は、被告人が二度と××することはないと示しています」

　このような形にならなければいけません。

　「事実出し　評価論じる　根拠持つ」ことがなければ説得などできません。

36

その事実　どうして有利　どのくらい

　量刑事件において、事実の意味を説明することの重要性を示したものです。

　量刑の判断をする上で、「この事実があれば何ポイント有利な（不利な）方〜」などというルールはありません。

　事件の内容は千差万別であり、こうとも、ああとも考えられるものです。

　そこで、検察官は「○○という事実はあるが——なので、有利に考慮できない」、弁護人は「○○という事実は——なので、行為責任を相当程度減じる」

という説明をしなければなりません。

　例えば、私たちは、被告人が反省していることを当然のように有利な事情として指摘します。

　しかし、「悪いことをして反省するのはあたりまえではないか、どうしてそれが有利になるのだ」という意見はあり得るのです。

　弁護人は、この意見に対してきちんとした説明をする責任があります。

　私たちは、日頃量刑事情として主張している事実の持つ意味を、一度しっかりとふり返って考えてみる必要があります。

　「その事実　どうして有利　どのくらい」は弁護人の説明責任です。

37

論理なく　ら列・お願い　あきれ顔

　量刑事件において、論理、すじ道を示すことの重要性を示したものです。

　私たちの仕事は、事実に基づいて自分たちの求める結論が正しいということを説得することです。

　第1に、事実をら列し、「以上を総合すれば執行猶予が相当です。」という弁論はだめです。

　裁判員は、なぜそれらの事実を総合するとその結論が正しいことになるのか、その説明を求めています。

　その説明が弁論の命であり、説得の柱なのです。

　第2に、「執行猶予付きの判決をお願いします」という弁論はだめです。

　裁判員は「お願い」されても困ってしまいます。

　裁判は取調べられた証拠が示す事実に基づいて結論を導くものです。

　弁論は「取調べられた証拠が示す事実に基づけば、自分たちが求める結論こそが正しい結論なのだ」と主張するものでなければなりません。

　私たちは法律家です。

　陳情団ではありません。

「論理なく　ら列・お願い」は「あきれ顔」をされていることに気付いてください。

38

検索し　分析くわえ　決断す

量刑事件において、求める結論を決める手順を示したものです。

第1に、量刑検索システムを活用して、当該事件の社会的類型の量刑傾向を見ます。

第2に、当該事件の犯情を考えて、量刑傾向の中で重い方なのか、軽い方なのか、中間なのか、という相対的位置づけを考え行為責任の幅を見ます。

さらに一般情状を考えて、その幅の中の相対的位置づけを考えます。

第3に、最後は、弁護人がこれが正義だと思う決断をするしかありません。

量刑検索システムはあくまで過去の量刑判断です。

判例と同じで念頭に置かなければなりませんが、従わなければならないものでもありません。

正義だと思う決断であれば、必ず、その結論を導く筋道、論理が見い出せるはずです。

「検索し　分析くわえ　決断」してチャレンジしてください。

39

どんな人　何をなぜして　何をした

量刑事件において、被告人質問で語ってもらうことを示したものです。

ストーリーは、更生に向けての被告人の人間ドラマです。

第1に、どんな経歴で、これまでどんな生活をしていたのかです。

家族、友人、あるいは医者などから、事情聴取も必要です。

第2に、何を、なぜしたのかです。

　動機は何か、犯行の原因は何か、そこに至るのにどのような経緯があったか、犯行態様はどういうものか、なぜそのような態様を取ったのかなど、まずは、十分な事情聴取が必要です。

　第3に、事件後これまでに何をしていたかです。

　逮捕されてこれまで何もしないでおいて、「これからこうします」と言っても誰も信用しません。

　したうえで、これから何をしていくのかです。

　人間ドラマとして理解してもらうためには、以上の3つがコンパクトに、かつ、つながりを持っていなければなりません。

　さあ、被告人は「どんな人　何をなぜして　何をした」んでしょうか。

40

知ってなお　何を信じて　何をした

　情状証人に語ってもらうことを示したものです。

　情状証人にも、被告人のことを思うストーリーがあるはずです。

　第1に、被告人が何をしたのか十分に理解していることが不可欠です。

　第2に、それにもかかわらず、「なお」被告人を信じるのはどうしてかが必要です。

　ただ「信じる」というのでは、信用されません。

　被告人のどこを、何を、評価しているのかが最も重要です。

　第3に、証人自身が何をしたのかです。

　これから何をすると言っても説得力はありません。

　1つでも、既に何をしたということが必要です。

　現に行動することが難しいこともあります。

　法廷に来られなくても、面会した、手紙を書いた、それでもいいのです。

　「現に行動し、被告人を待っている」それが評価されるのです。

さあ、証人は、被告人の犯行を「知ってなお　何を信じて　何をした」のでしょうか。

41

絞り込む　何をどこまで　どの順に

冒頭陳述―証拠調べ―最終弁論のすべてを通じて、ポイントを絞ることの重要性を示したものです。

長い話は嫌がられます。

ともかく、できるかぎり短くする努力をすることです。

まず、何を語るのかを絞ります。

反論したくなるところがあっても、全部触れなければならないことはありません。

全部触れる必要があるものでもありません。

次に、どこまで語るのかを絞ります。

証拠の評価をするとき、理由づけをいくつか思いついても、全部指摘しません。

説得力・共感度を吟味して、誰もがうなずく理由のみに絞ります。

多く指摘すればするほど、説得力・共感度の乏しいものが混ざってきます。

裁判員がそれを聞いて、「あんなことまで言うのか」「なんでもかんでもこじつけるのね」と思えば、説得力のあったことまで疑われてしまいます。

順位をつけ、上から3つを語るという勇気が必要です。

そして、どの順に語るのかも重要です。

構成のない話は、聞きづらく、わかりにくいものです。

何から論じ、何につないで、何に至るという流れをつくります。

あれもこれも言いたいのを堪えることです。

「この裁判は、これだけ言えば足りる」という覚悟が大事です。

徹底的に「絞り込む、何をどこまで、どの順に」考えて短くしましょう。

42

強く出て　強く結んで　韻残す

「初頭効果」「親近効果」といって、話の始めと終わりが、聞く人の記憶に残りやすいといわれています。

そこで、話の出だしで何を言うのか、どのようなメッセージを与えるのか、話のしめで何を言うのか、どのようなメッセージを残すのか、を考え抜く必要があります。

「強く」といっても、大きな声を出すとか、大言壮語をするということではありません。

明確なメッセージを、わかりやすい言葉で話すことです。

聞いた人の記憶に何を残したいのか、それを残すにはどうすればよいのかを考えます。

「強く出て　強く結んで　韻残す」構成に。

43

短文を　抑揚つけて　間をもって

冒頭陳述や最終弁論など、法廷で陳述する際の「語り」の基本を示したものです。

内容がどんなに立派でも、口頭での語りを耳で聞いて理解できなければ意味がありません。わかりやすく語ることが必要です。

わかりやすい語りの要素を3つ示します。

特に、一文を短くすることです。

長い文章はそれだけでわかりにくいものです。

ところが、なかなかこれはできません。

分解できる文はできるだけ分解してしまうことです。

長い文は、語りのリズムを崩します。

リズムの悪い語りは聞きにくいものです。

短文、短文でつなぐとリズムがよくなります。

第2に、抑揚をつけることです。

小さい声はだめです。

よく聞こえるように大きな声を出してください。

しかし、常に一本調子の語りも聞きにくいものです。

話しにも山・谷があります。

語りにも抑揚が必要です。

早口はだめです。

第3に、間をもつことです。

ゆっくり話してください。

しかし、大事なことは、文と文との「間」です。

「間」をとることは、話芸の「要」といわれています。

間をとることで、聞いている人が聞いたことを飲み込む時間がとれるからです。

「短文を　抑揚つけて　間をもって」語れば、わかりやすくなります。

44

背を伸ばし　目と手を使い　位置を変え

冒頭陳述や最終弁論など、法廷で語るときの「身体」の基本を示したものです。

言葉や口調がどんなに立派でも、語り手の身体が崩れていては、説得する気迫が伝わりません。

一方、的確な身体動作は、わかりやすさを大きく助けてくれます。

まず、背を伸ばし、両足を肩幅に広げて、均等に体重をかけ、すくーッと立つべきです。

決して机に手をついたり、背をまるめたり、うつむいたりしてはいけません。

美しくないばかりか、聞き手に対する礼を失しているからです。

目は、聞き手の目を見つめるべきです。

アイコンタクトは説得の基本です。

手は、「口ほどにものを言い」ます。

適当な手振りは、視覚に訴えて話にイメージを持たせます。

同じ場所に突っ立ったままというのは、視覚的に単調で聞きにくいものです。

かといって、むやみに動き回るのも聞きにくいものです。

話題が変わるときに、動いて立ち位置を変える、それによって、間をとり、聞き手の視線を動かし、話が変換したことを自然に知らせることができます。

語りは、口先だけではありません。

「背を伸ばし　目と手を使い　位置を変え」る語り手の身体と一体のものです。

45

紙持たず　見ない読まない　覚えない

紙（メモ）を持たずに語ることの重要性を示したものです。

法廷での語りは、裁判員に向けたプレゼンテーションです。

メモを持ち、メモを見ながらのプレゼンが説得力のあるものでしょうか。

メモを持てば、必ず目をやります。

そうすると語り手の顔は、裁判員とメモの間をペコペコ往復します。

ビデオでその姿を見ると、なんとも見苦しいものです。

メモを見れば、必ず読みます。

読むと早口になり、一本調子になり、間がなくなります。

メモを持たなければ、見ようがありません。

読みようがありません。

裁判員に顔を向け、ゆっくりと語ることができます。

そして大事なことは、「覚えない」ということです。

覚えたことは、「忘れ」ます。

「思い出せない」とパニックになります。

プレゼンは「暗記」ではありません。

事実を熟知し、訴えを明確に持ち、何度も練習をして身につけて語るものです。

紙を持っていては進歩しません。

やってみれば「紙持たず　見ない読まない　覚えない」はできるものです。

46

ものがたれ　彼の姿を　目に浮かべ

「覚えない」で語るコツを示したものです。

まず、物語（ストーリー）を作ります。

次に文章を練り上げます。

しかし、文章を覚えて語ろうとすると失敗します。

文章を練り上げたところで、物語を映像化することが大事です。

映画監督になったつもりで、被告人の物語をドキュメンタリードラマにします。

語るとは、その映像スイッチを入れて頭の中に写る映像を語ることです。

これをすると文章はつくったはずなのに、なかなか映像化できないことに気がつきます。

これは事実が詰め切れていないで、物語がぼんやりとぼやけているからです。言いかえれば物語がしっかりとした言葉になりきっていないのです（→「事実つめ　言葉にできて　目に浮かぶ」）。

「映像」と「言葉」とは表裏一体のものだと思います。

くっきりした映像とはっきりした言葉がつなぎ合わされば、いつでもどこでも物語を語ることができます。

「ものがたれ　彼の姿を　目に浮かべ」てこそ裁判員の目にも浮かぶのです。

47

文を練り　人に聞かせて　身につける

ケース・セオリーが確立し、最終弁論が書き上がったあと、公判までにすることを整理しました。

第1に、最終弁論・冒頭陳述などのバージョンアップです。

文章を練り上げてください。（→「書いて読み　言葉正しく　揺るぎなく」）

第2に、最終弁論・冒頭陳述などのリハーサルです。

人に聞いてもらって、意見・感想を集めてください（→「やってみる　人がわかるか　うなずくか」）。

第3に、最終弁論・冒頭陳述などのトレーニングです。

法廷の中央に立ち、紙を持たず、裁判員の目を見て語ることを身に付けてください（→「練習を　重ねて見せる　大舞台」）。

「文を練り　人に聞かせて　身につける」ステップを踏みしめてください。

48

書いて読み　言葉正しく　揺るぎなく

語る文章を練り上げることの重要性を示したものです。

紙を持たず、覚えないで法廷で語ることの大事さを説きました。

しかしこれは、文章を作っておかず、法廷でライブでアドリブで語ることではありません。

アドリブで語れるほど日本語はやさしくありません。

まず、必ず文章を書き起こします。

そして、推敲に推敲を重ねます。

次に、音読します。

耳で聞いてわかりやすいかどうか、声に出してみて語りやすいかどうか、を

検証します。

　この過程を通じて、2つのことを注意します。

　第1は、言葉が正しく使われているかどうかです。

　案外、いい加減な言葉を使っていることがあります。

　国語辞典を手元に置きましょう。

　第2は、文章が揺るぎないかどうかです。

　主語と述語がよれていてはだめです。

　文意が一義的になっていないのもだめです。

　短文で、明確な内容が表現されている文章にしましょう。

　語る前に「書いて読み　言葉正しく　揺るぎなく」して、練り上げた文章を手にすることです。

49

やってみる　人がわかるか　うなづくか

　冒頭陳述や最終弁論の検証の重要性を示したものです

　文章を練り上げたら、必ず人前でやってみることです。

　2つのことをたしかめるためです。

　まず、聞いて内容がわかるかどうかです。

　弁護人自身は、事件の内容を知っているので、なかなか気づきません。

　弁護士仲間も、知識と経験で補って聞いてしまうので、役に立ちません。

　法律知識がなく、事件のことをまったく知らない人に聞いてもらうことが大切です。

　「よくわからない」と言われたら、作り直します。

　内容がわかったとして、つぎに共感するかどうかです。

　私たちは、ひとりよがりのところがあります。

　法律家は、自分たちの理屈が全て通用すると思っています。

　自分の話が市民に共感されるものかどうかは、十分な吟味が必要です。

「共感しないね」「納得できないね」と言われたら、作り直します。

法律知識のない事件のことを知らない「家族」の前でやってみることです。

自分の家族でさえ、理解できず、共感できない話を、6人の市民の前でするなど無謀というものです。

はずかしくても「やってみる　人がわかるか　うなづくか」を見てみましょう。

Q　事情を知らない他人の目にさらして、冒頭陳述や最終弁論がひとりよがりになっていないか検証することの重要性は、研修などで繰り返し伝えられています。しかし、検察庁が人手をかけてリハーサルに力を入れているのに対し、弁護士会のリハーサルはなかなか普及していません。弁護人個人としても、高いレベルで実践している人がいる一方で、まったくリハーサルをしない人も多いようです。多くの弁護人は、あたまで抽象的には理解していても、具体的な成功体験がなく、またリソース不足（時間が取れない、聞いてくれる人が近くにいない）という弁解もあって、実践できていないのだろうと思います。

そこで、具体的に「できる」方法を共有していくために、神山先生や、神山先生が直接指導する弁護士が、ふだん行っているリハーサルの方法を教えていただけると有難いです（誰を、何人集めて、どこで、どのように、例えばペーパーレスでやるかどうか、何回くらいやるのかなど）。（編集委員・石村）

A　一番は、解説で書いたように家族の前でやることだと思います。

そして、家族も適当な友人も近くにいない場合、弁護士仲間でよいと思います。

何人かに集まってもらい、どこかの会議室で、ともかく法廷でやる予定どおりのことをやって見せます。

そして、自由な意見交換をすればよいと思います。

改訂したいと思ったのであれば、次回のリハーサル期日を決めて、もう一度やればいいのです。

各地の弁護士会に行った時には、刑事弁護委員会の時に委員会の勉強もかね

てやったらどうかと提案しています。

　問題は人前でリハーサルをする勇気です。

　リハーサルのない舞台はありません。（神山）

50

練習を　重ねて見せる　大舞台

　法廷に立つための準備のしめくくりを示したものです。

　文章を練り上げ、内容を検証できたら、あとは練習です。

　本番で、9人を前に語るというのは、とてつもなく緊張するものです。

　それを乗り切るのは練習しかありません。

　練習は2つのことを与えてくれます。

　1つは、身体が覚えてくれることです。

　もう1つは、「練習を尽くした」という心の「お守り」ができることです。

　1人でやります。

　人の前でやります。

　鏡の前でやります。

　ビデオを使ってやります。

　そして最後は、本番の法廷を借り、本番に使うパネルなどを全てそろえて、本番どおりにやります。

　どこに立つのか、どこにパネルを置くのか、声の大きさはどの位にするのか、いつどこへ動くのか、などを確認します。

　練習を重ね、最高のパフォーマンスを見せるのがプロだと思います。

　そうでなければ裁判員に失礼だと思います。

　これから立つ法廷は、「練習を　重ねて見せる　大舞台」なのです。

51

全て知り　場を見て応じ　熱を持ち

　人にものを語るときのポイントを示したものです。

　『声に出して読みたい日本語』の著者、齋藤孝さんは「知」「情」「意」と言っています。

　まず、事件を完全に把握し、事実、証拠の全てを知っていることです。

　知っていなければ話の内容がありません。

　知っていれば自信と余裕がでてきます。

　次に、聞き手の様子を見て応じる柔軟さが必要です。

　私たちの仕事は言いたいことを言ってくることではありません。

　裁判員に理解し共感してもらうことです。

　裁判員が聞きとれているか、興味をもっているか、退屈していないかをみていなければなりません。

　そして、自分の訴えを聞いてほしいという意欲、情熱が不可欠です。

　自分の主張こそ真実と人権と正義を守るという熱い心がなければなりません。

　聞き手の心をつき動かすのは、語り手のほとばしる熱情です。

　法廷にスクッと立ち、「全て知り　場を見て応じ　熱を持ち」語る姿は、それ自体美しいものです。

52

なるほどね　それがそうなら　そうだろう

　冒頭陳述の目的を示したものです。

　冒頭陳述の目的は、こちら側の筋書き・言い分に合わせてこれから出てくる証拠を見てもらうために、裁判員に1つのストーリーを与えるものです。

　人間は、純粋中立的に「証拠」を評価することはできないといわれています。

人間は、自分が思い入れを持っているストーリーに合うように「証拠」を評価しがちです。

　検察官の冒頭陳述を聞いただけですと、裁判員は検察官のストーリーに合わせて証拠を見てしまいます。

　そこで、証拠調べが始まる前に、弁護側も負けないストーリーを示しておかなければなりません。

　裁判員が、冒頭陳述を聞いて、「なるほどね　それがそうなら　そうだろう」と思ってくれれば成功です。

53

事実のみ　評価・弁論　まだ早い

　冒頭陳述において「事実」を語る重要性を示したものです。

　事実のみを語り、評価すべきではありません。

　評価は弁護人がするのではありません。

　評価するのは裁判員です。

　評価を語れば、評価を押しつけていると思われます。

　事実のみを語り、証拠を持ち出した弁論をすべきではありません。

　証拠はまだ何も出ていません。

　見ても聞いてもいない証拠の話をされても、理解できませんし、混乱するだけです。

　ところが、これがなかなかできません。

　弁護人は、検察官の冒頭陳述に対して「間違っている」と言いたくなります。

　裁判員には早くそのことを言っておいた方がいいと思うからです。

　しかし、裁判員はあれもこれも受け止められるのでしょうか。

　冒頭陳述―証拠調べ―最終弁論は一貫した一体のプレゼンテーションです。

　全体のプレゼンのどこで、何を、どこまで語るのかということを考えておく必要があります。

冒頭陳述はまさに「冒頭」の時期です。

その目的も明確です。

ここでは、「事実のみ　評価・弁論　まだ早い」のです。

54

何があり　証拠予告し　ルール触れ

冒頭陳述の構成要素を示したものです。

第1に、弁護人から見て、本当は何があったのかという物語（ストーリー）を語ります。

この前には検察官が検察官から見て物語を語っています。

被告人が「それはちがう」というのであれば、裁判員は「じゃあ何があったと言うんだ」と思います。

これに答えなければ、検察官のストーリーが正しいと思ってしまいます。

第2に、これからの審理で証拠をどのような視点で、注目してほしいかを語ります。

証拠物であれば、どこを見てほしいか。

証人であれば、どこを聞いてほしいか。

いわば、証拠調べの道案内をして、見落とされないように注意喚起をするのです。

第3に、必要な範囲で刑事裁判のルールに触れます。

詳細に語るのは逆効果です。

簡潔に、検察官が「常識に従って判断してまちがいないといえるだけの証明をしているのか」という証拠調べを見る心構えを押えておきます。

「何があり　証拠予告し　ルール触れ」ることで証拠調べへ導きます。

55

物語　情景浮かび　筋を追い

　冒頭陳述において「物語」を語る重要性を示したものです。

　裁判員は、検察官の冒頭陳述を聞いたあと、弁護人の冒頭陳述を「どうだと言うの」という気持ちで聞きます。

　このとき、検察官の冒頭陳述に対して「第1に、○○の点が違います。第2に、○○はこういう意図でした。第3に、○○ではなく○○です」という言い方はわかりやすいでしょうか。

　分断した情報からは、全体のイメージをつかむことが困難です。

　子どもは物語が好きです。

　「どんな人が、いつ、どこで、何を、なぜ、どうしたのか」という物語は、情景が浮かびます。

　次はどうなのかと筋を追います。

　そうなると、主人公のドラマが目に浮かぶからです。

　物語には、3つの利点があります。

　第1に、わかりやすいです。

　第2に、目に浮かぶから、記憶に残りやすいです。

　第3に、前後の脈絡があるから、信頼されやすいです。

　さあ「物語」を語り、裁判員に「情景浮び　筋を追い」かけてもらいましょう。

56

納得し　説明できて　裏を持つ

　冒頭陳述で語る「物語」の条件を示したものです。

　まず、これから裁判員が見聞する全ての証拠を矛盾なく説明できるものでな

ければなりません。

　裁判員は証拠に忠実です。

　話が証拠に矛盾していたり、不利な証拠をきちんと説明できていなかったりすると全く信用してくれません。

　証拠を矛盾なく説明できるだけではだめです。

　「なるほど、証拠は全て説明できてるけど、こんな話はないなぁ」と思われては信用されません。

　そこで、話は現実性があり、自然で納得のいくものでなければなりません。

　そして、できれば一部でも裏付ける証拠があることです。

　3つの条件をクリアするには、十分に事実を収集し、被告人からくり返し事情を聴取し、徹底的に証拠を検討しなければなりません。

　「納得し　説明できて、裏を持つ」物語が手に入れば、裁判員は必ず耳を傾けてくれます。

57

テーマ立て　人格与え　すっきりと

　冒頭陳述の物語をどのようにつくるのかを示したものです。

　まず、テーマを立てることが重要です。

　「この事件は、○○さんの間違った思い込みが生んだ冤罪事件です」。

　「この事件は、未熟な青年が行き当たりばったりに強盗を考え、予想外の展開からパニックになって人を刺してしまった事件です」。

　テーマを立てることで、物語の要約をつかむことができます。

　テーマの中のキーワード、「思い込み」「未熟な青年」「パニック」などをこれから繰り返すことで、裁判員の頭にイメージを定着させることができます。

　話の頭に「つかみ」を置くと考えてください。

　物語は、主人公がいなければなりません。

　主人公はどんな人なのかがわからないと、物語を聞いてもピンときませんし、

思い入れができません。

「被告人」と呼ばずに、「○○さん」と名前を呼ぶ。

「○○さんは……」と語るときに、○○さんに近寄る。

「○○さんは高校卒業後、父親について大工の修業をしました。独立して6年になります。今は親方として人も雇っています」。

被告人が、特別な人でないこと、私たちと同じ普通の社会人であることを示すことが必要です。

そして、主人公の物語が始まります。

「テーマ立て　人格与え　すっきりと」した物語をつくりましょう。

58

時間追い　視点合わせて　細部捨て

「すっきりと」した物語をつくるポイントを示したものです。

聞いてわかりやすい物語には、3つのポイントがあります。

まず、時間を追い、順々に話が進んでいくことです。

時系列に沿って展開していくのがわかりやすいからです。

時間が戻ったり飛んだりすると、聞き手は混乱します。

次に、わかりやすい物語は、誰の視点での話かが統一されています。

被告人の視点での話であったり、被害者の視点での話であったり、神の視点での話であったりすると、聞き手は混乱します。

視点を統一してしまえば、いちいち「○○は」という主語を話す必要がなくなり、話にリズムがつく効用もあります。

さらに不要な細部（ディテール）を捨てるということです。

なかなかできません。

どうしても多くのことを語っておきたくなります。

しかし、間違ってはいけません。

裁判員はまったく事件のことを知らないのです。

何が大事で何が周辺事情なのか、何も知らないで物語を聞くのです。

すべてが最重要と思って裁判員は聞こうとします。

そこに多くの情報が入ってくると、理解できなくなり、混乱し、パニックになります。

どうしてもわかってもらっておきたい大事なことは何かに絞る、細部を捨てる勇気が必要です。

わかってもらうために、「時間追い　視点合わせて　細部捨て」てつくるのです。

59

事実つめ　言葉にできて　目に浮かぶ

「物語」をつくる工程を示したものです。

聞いている人の頭の中に、情景が浮かび、筋を追うことができるために、必要なことは3つあります。

第1に、語り手自身の頭の中に完全な再現ドラマが上映されなければなりません。

そのためには、事実を詰めることが必要です。

再現ドラマの場面が飛んでしまったり、場面がぼんやりしてしまったりするのは、事実の詰めが不十分だからです。

語り手自身の頭の中に、完全な再現ドラマができていなければ、それを人に伝えることはできません。

第2に、聞いている人が再現ドラマを共有できる「言葉」「文章」を作り上げなければなりません。

言葉だけ（もちろん、身振り手振りを活用できます）で伝えるのですから、シナリオライターや小説家である心構えが必要です。

第3に、必ず、事前に事件のことを全く知らない他人に聞いてもらうことです。

自分の頭の中のドラマと、聞いた人が受け取ったドラマが一致していなければ、作業は不完全です。

　問題を見つけ、再び工程をやり直します。

　「事実つめ　言葉にできて　目に浮か」べば完成です。

60

共感し　納得できた　がんばろう

　最終弁論の目的を示したものです。

　最終弁論の目的は、評議室において弁護人の代わりに弁護側の主張をしてくれる代弁者をつくることです。

　代弁してもらうためには、弁護人の最終弁論を聞いて3段階の気持ちを持ってもらう必要があります。

　まず、弁論の内容に「共感」してもらうことです。共感してもらえなければ、そもそも味方になってもらえません。

　しかし、共感だけでは足りません。

　弁論の直後に多数決をとるのであればそれでいいかもしれませんが、評議が行われます。

　検察官の論告に共感した人から攻撃を受けることになります。

　意見がひっくり返されないためには、弁護人の弁論の内容に「納得」していなければなりません。

　しかし、納得だけでも足りません。

　それでは味方が増えません。

　味方を増やすためには、弁護人の弁論に正当性を感じて、「こちらの方が正しい」と主張してもらわなければなりません。

　つまり、裁判員が最終弁論を聞いて、「共感し　納得できた　がんばろう」と思ってくれなければだめなのです。

61

証拠あげ　常識示し　るでしょうか

最終弁論で論証するときのポイントを示したものです。

法廷で弁護人の語りを聞いて、共感し納得してもらうことが必要です。

まず、「証拠」をしっかりと示し、法廷で一緒に確認することです。

これまでは、証拠を指摘しておけば、あとでゆっくりと探して読んでもらえました。

裁判員裁判では、それは期待できません。

大事な証拠は法廷でもう一度みてもらう、重要な証言は法廷でもう一度ボードに書いて確認するようにします。

次に、裁判員と共有できる「常識」を示すことです。

証拠から事実を認定し、経験則を当てはめて論証をします。

経験則が法律家の独善ではいけません。

誰もが「そのとおりですね」という常識でなければなりません。

そして、「結論」は押しつけないことです。

人間は人から「間違いない」「明らかである」と言われると、「そうかあ？」「本当に？」と反発するものです。

結論は裁判員に出してもらいましょう。

「○○なのに、○○と言えるでしょうか」と結んで、「言えないね」という反語を残しておくべきです。

そこで、「証拠あげ　常識示し　るでしょうか」は、どうでしょうか。

62

絞り込み　弱点語り　気を配る

証拠を議論する時の注意点を拾ったものです。

第1に、弁論で必要な証拠の議論は何かを考えて、不必要な議論はしないことです。

　検察官の指摘する証拠は「全てについて一応あいさつする」などということは、無駄であるだけでなく、弁護人の言いたいことがぼけるので有害です。

　証拠（例えば被害者供述）が信用できないことを論じる時の理由についても、説得力あるものに絞り込むべきです。

　言える疑問は「全て言って置いた方が良い」ことはありません。

　第2に、弱点には必ずふれてフォローする必要があります。

　弱点にふれないと、そのこと自体で「反論できないのだな」と思われてしまいます。

　第3に、言葉遣いには気を配ってください。

　被害者側に責められる点があったとしても、「落ち度」と呼ぶのが適切なのか、被害者が事情と異なる供述をしていたとしても、「虚偽供述」と呼ぶのが相当なのかを検討してください。

　過激な言葉は裁判員に「反作用」を生じるリスクを持っています。

　「絞り込み　弱点語り　気を配る」からこそ聞いてもらえるのです。

63

共に見て　共に考え　共に着く

　私の考える最終弁論の理想です。

　私と裁判員は、私の陳述を聞きながら、私と一緒に同じ証拠を見ます。

　供述を聞きます。

　そして、いっしょに考えます。

　この証拠物からは何が言えるのだろうか。

　この供述は信用できるのだろうか。

　私も裁判員も、同じ常識と同じルールを持っています。

　そうであれば、その結論は同じところへ行き着くはずです。

私と裁判員は同じ結論になるのです。
「共に見て　共に考え　共に着く」
私と皆さんは一体です。

64

くり返し　事実あてはめ　念を押す

　最終弁論において、刑事裁判のルールを語るときのポイントを示したものです。

　最終弁論の最後には、刑事裁判のルールについて念を押しておくべきです。

　どのように念を押すのが効果的なのかを考えます。

　まず、言葉は、裁判長が裁判のはじめに裁判員にした説明を引用するのがよいと思います。

　刑事裁判のルールは抽象的な概念です。

　いろいろな言い方ができますが、いろいろというと裁判員は混乱します。

　同じ言葉をくり返して記憶に残すのが得です。

　検察官から異議も出ません。

　「証拠を常識に従って判断してまちがいないといえなければ有罪にできません。常識に従って判断して疑問が残れば無罪にしなければなりません」

　もうひとつは、その事件に基づいて具体的な事実をあてはめて語るということです。

　抽象的な話ではわかりにくく、イメージがわきません。

　「○○という事実があります。

　常識に従って判断して疑問が残らないでしょうか

　△△という事実だけでまちがいないといえるでしょうか」

　刑事裁判のルールを、「くり返し　事実あてはめ　念を押し」て最終弁論は結びへ進みます。

65

「遠慮なく　正しく裁く　常識が」

　最終弁論で裁判員を励ますことを示したものです。

　裁判員がこちらの最終弁論に共感してくれても、評議で表明されなければ意味がありません。

　しかし、評議室には裁判官がいます。

　裁判員が裁判官に比べて法律の知識もないし、裁判の経験もないしと思っていると、裁判官とちがった意見を持っていても言い出せないおそれがあります。

　そこで、裁判員を励まし、「遠慮なく自分の意見を言っていいんだ」と力づける言葉を考えます。

　裁判官が正しい判断を知っているわけではないこと。

　正しい裁判をするためにはあなたの常識が必要なこと。

　あなたにはこれまでの人生を経た常識があること。

　裁判官も裁判員も意見の重さは同じであること。

　自由に遠慮なく自分の意見を言ってもらうことが期待されていること。

　いろいろ工夫してみてください。

　裁判員を信頼し、力づけようとしている率直な言葉は、評議室の中で、裁判員の心に残っているはずです。

　裁判員のみなさん、「遠慮なく」意見を言ってください。

　「常識が」「正しく裁く」のですから。

66

事実のみ　知った答えを　１つずつ

　主尋問・反対尋問共通の尋問の基礎です。

　第1に、事実を聞きます。

評価、意見、感想を聞いても意味がありません。

第2に、尋問者は答えを知っていなければなりません。

証人尋問は、法廷でするインタビューではありません。

事前にインタビューをして、知っている答えを尋問という形で供述させるのです。(→「尋問は　人に語らす　我が語り」)

第3に、尋問は「個別的かつ具体的で簡潔」(刑訴規則199条の13第1項)でなければなりません。

1つずつ聞くことが証人にとっては答えやすく、事実認定者にとってはわかりやすくなります。

「事実のみ　知った答えを　1つずつ」尋問しましょう。

67

尋問は　人に語らす　我が語り

尋問は供述証拠を法廷に出すことです。

証拠を出すのですから、その内容は完全に把握できていなければいけません。

尋問はインタビューではなく、答えを知ってやるものです。

答えを知っているのですから、尋問者が語れるのですが、それでは証拠になりません。

主尋問では、オープンに聞いて、証人に語らせ信用してもらう。

反対尋問では、クローズドに聞いて、証人にはよけいなことを語らせない。

「尋問」は、証人の口を借りて「人に語らす」、尋問者である「我が語り」と言ってもいいものです。

68

目に浮かぶ　君の体験　本当ね

　主尋問の目的を示したものです。

　第1に、証人には体験した事実を供述してもらいます。

　見たこと、聞いたこと、言ったこと、したことを聞いて、証人の体験を共有してもらうのです。

　第2に、共有してもらうためには、再現ドラマの映像が目に浮かぶ必要があります。

　映像が浮かばなければ、体験を共有することは到底できません。

　第3に、共有してもらうためには、証人の証言を信用してもらわなければなりません。

　証言を聞いていけば、自ずと「信用できるなあ」と思えるようにするのです。

　証人尋問を聞いた人が、「目に浮かぶ　君の体験　本当ね」と思ってくれたら成功です。

69

事実のみ　誘導せずに　短文で

　主尋問の留意点を示したものです

　第1に、事実のみを聞きます。

　意見、感想、評価を聞いても、証拠価値がありません。

　第2に、オープンな質問をすることです。これが最も重要です。

　主尋問の主役は証人です。

　裁判官は証人の話を聞きたがっています。

　オープンな質問をして、証人の口から証人の言葉で事実を語ってもらいます。

　クローズドな質問（証人が「はい」or「いいえ」で答えることのできる質問）

は、証人の口ではなく尋問者の口から語っています。

　証人が自分の口から事実を語るからこそ信用されます。

　証人が尋問者の述べる事実に対して「ハイ」「イイエ」というだけでは信用されません。

　第3に、質問は短くします。

　長文の質問は何を聞こうとしているのかがわかりにくく、証人にとっても答えにくいものです。

　「事実のみ　誘導せずに　短文で」尋問するだけでぐっとアップします。

70

いつ、どこで　誰が、何、なぜ　どうしたの

　誘導をせずに、証人の体験を語らせる主尋問の基本を示したものです。

　何があったのかを知る基本要素は「5W1H」です。

　いつのことか。

　どこでのことか。

　誰がいたのか。

　何をしたのか。

　何があったか。

　なぜそうしたのか。

　どうしてそうなったのか。

　それでどうなったのか。

　人間の体験はこれのくり返しです。

　難しいことはありません。

　考えてみれば、他人から話を聞く時、私たちは自然に今のようなインタビューをしています。

　「いつ、どこで　誰が、何、なぜ　どうしたの」考え過ぎず単純な尋問していいのです。

71

最後の手　そこでそのあと　どうしたの

誘導尋問をしてはいけないと思うあまり、「それからどうした」をくり返し尋問する人がいます。

証人の口から臨場感をもって活き活き話してもらうために、ある場面において

「それで」

「それから」

と、あえて尋ねることもあります。

しかし、ずーと「それからどうしましたか」と聞くのは、単調で、能がありません。

また、証人は「それからどうしましたか」と聞かれた時、どこまでの話を聞かれているのか、どこまでのことを言えばいいのか迷うことになります。

その結果、大事な証人の言動が飛ばされて先に進んでしまう危険もあります。

まずは、証人の供述を引き出す質問を練ります。

そして、本当に質問に詰まったら、「最後の手　そこでそのあと　どうしたの」の出番です。

72

紹介し　舞台に上げて　動作させ

主尋問の基本的な構成を示したものです。

主尋問は、証言を聞いた人が、証人の体験が目に浮かぶこと、その証言を信用できると思うことを目指します。

第1に、証人がどのような生活をしている人なのか、被告人あるいは被害者とどのような関係があるのかを聞きます。

これから証言する証人がどんな人なのかは、証言が信用できるかどうかに関係します。

　第2に、証人の体験を語ってもらう前提として、どのような場所なのか、どういう状況でのことなのかということを聞きます。

　芝居や映画を見る時、私たちは舞台や背景を頭に入れた上で役者の演技を見ています。

　聞き手が、証人の体験を想像する場合も同じです。

　第3に、その上で、証人に何をしたのか、何を言ったのか、動作を聞きます。

　舞台設定→動作という順序によって、わかりやすく、受け入れやすくなるのです。

　証人を「紹介し　舞台に上げて　動作させ」てみてください。

73

時を追い　流れを切らず　その時を

　証人の体験を聞く際の留意点を示したものです。

　第1に、時系列に聞きます。

　聞き手は、未知の話を聞きます

　時系列が一番頭に入りやすいものです。

　時間が飛んだり、逆戻りしたりするのは、基本的にわかりにくいものです。

　第2に、いったん動き出したら流れを切らずに聞きます。

　聞き手は話を聞きながら少し先を予想するものです。

　「それで——」と固唾を呑むものです。

　そんないいところで話が切れる、ちがう話になると、気が抜け腹が立つものです。

　第3に、証人の体験時の認識のままを聞きます。

　証人は、事件後事情聴取を受けたりして、今は知っている事情も多いものです。

そこははっきりと分けて、聞かなければなりません。

　例えば、証人が「被告人から電話をもらった」という体験をしていても、捜査官から教えられるまで時間はわからなかったということであれば、証人に対して「その電話がかかってきた時間は何時でしたか」と聞くのはおかしいはずです。

　聞き手は、「その時」のまま「時を追い　流れを切らず」話して欲しいと思っているはずです。

74

大丈夫　答え覚えず　問いを変え

　主尋問の準備としてする、証人との打ち合わせの留意点を示したものです。

　証人との打ち合わせは、証人のためにするのではありません。

　尋問者の質問を練るためのものです。

　証人は自分の体験を持っています。

　質問さえ適確であれば、質問を聞いて体験した場面、情景を思い出し語ってくれます。

　証人から期待する証言が語られないのは、質問がヘタで、何を思い出し、何を語ればいいのかが証人にわからないからです。

　尋問のリハーサルをします。

　リハーサルをして期待どおりの証言が出てこない質問をチェックします。

　そこは、質問を変えなければいけません。

　決して、「そこはこう答えてください」と言ってはいけません。

　それは、素人に責任を押し付けることであり、プロの仕事の放棄です。

　証人には、答えを覚える必要は全くないこと、質問を聞いて自分の体験を思い出し、そのまま語ってもらえれば大丈夫なことを伝えます。

　「問いを変え」るので、「答え覚えず」とも「大丈夫」ですよ、といってあげましょう。

75

思い出す　場面を絞る　問を練る

　問の練り方の一例を示したものです。

　証人に「何があったか」を供述してもらうためには、証人にそのシーンを思い出してもらう必要があります。

　そのためには、証人がそのシーンを頭の中に思い浮かべるようになる質問がまず必要です。

　通常、日時を特定すれば、証人はその時のことを思い出し思い浮かべるようになります。

　「○月○日午後5時あなたはどこにいましたか」

　「誰といましたか」

　「何をしていましたか」

　「Aさんは何をしましたか」

　「あなたは何をしましたか」

　「なぜそうしたのですか」

　「それからどうなりましたか」

　と続けていくことで、何があったのかがわかります。

　しかし、体験した出来事があった日がいつかが争点になっている場合には、これは誘導尋問になってしまいます。

　場所に争いがなければ、

　「あなたが○○にいた時のことを聞きます」

　「誰が」「何を」「どうなった」を聞いてから

　「それがいつかわかりますか」

　「わかる理由を教えてください」

　「それはいつですか」

　となります。

　「思い出す　場面を絞る　問を練」れば、証人は語ってくれます。

76

メモ持たず　見て聞き次が　口に出る

主尋問の所作を示したものです。

主尋問は尋問者と証人のコミュニケーションです。

コミュニケーションですから、尋問者は証人を見ているべきです。

証人も尋問者を見ています。

尋問メモを手に持っていると、自然とメモに目が行きます。

その結果、証人を見ないで証人に聞くということになります。

それではコミュニケーションはとれません。

ヘタをすると、答えに対応した質問をしないで進んでしまうことが起こります。

証人を見て質問し、証人を見て証言を聞き、自然に次の質問が口に出て証人に語りかける。

そうであってこそ、証人も自然に安心して質問を聞いてそれに答えていくのです。

そして、その自然なやりとりは、聞いている者に、信をいだかせるのです。

「メモ持たず　見て聞き次が　口に出る」、普段どおりのコミュニケーションです。

77

うなずくな　あいづちうつな　重ねるな

主尋問中に、してはいけないことを示したものです。

主尋問の主役は証人です。

証人の話に集中している聞き手の邪魔をしてはいけません。

うなずくという動作は、目ざわりです。

あいづち打つ声は、耳ざわりです。

聞き手から見ると、尋問者が証人の証言に一々OKサインをしているように見えます。

練習どおりに話しているという印象を与えると信用されません。

証人の証言を一々くりかえすのも耳ざわりです。

多くは尋問者自身が、自分をおちつかせたり自分のリズムをとったりするためのものです。

全くの無駄です。

速記録が長くなるだけです。

質問に対する答えが出れば、次に行けばよいのです。

そのほうが尋問にリズムが出ます。

「うなずくな　あいづちうつな　重ねるな」、がまんしろ！

78

返答を　すくって重ね　継いで聞く

主尋問では、証人の答えを強調するために、あえて答えをくり返して次の質問をすることがあります。

これを「ループクエッション」といいます。

例えば次のようなやりとりです。

「犯人は何を持っていましたか

ナイフです。

そのナイフはどんな形でしたか

刃先がとがっていました

とがった刃先はどこに向けられていましたか

私の顔です。」

これは、大事なところで意識的にすることです。

無意識にしたり、やり過ぎたりするのは厳禁です。

くれぐれも、「返答を　すくって重ね　継いで聞」きすぎないように。

79

狙い決め　弁論できる　事実獲る

　反対尋問が絶対に必要なのは、弁論で利用する事実のうち、相手方証人に証言させるしか証明できない事実がある時です。

　逆に言えば、そういうことがなければ、すでに弁論できるのですから、反対尋問はしなくてもよいことになります。

　まず、弁論を作り上げます。

　すると、その弁論のために必要な事実がわかります。

　そして、その事実のうち、この証人から獲得する事実が反対尋問のターゲットになります。

　狙いの定まっていない反対尋問は、裁判員から「何を聞いているのかわからなかった」と酷評されます。

　「狙い決め　弁論できる　事実獲る」以外のことはするな！

80

責めるより　容れて寄り添い　構え解く

　反対尋問は証人をやっつけることではありません。

　証言させて事実を獲ることです。

　証人に語らせるには、こちらに対する警戒心を解くことが必要です。

　証人の立場、心情を十分に理解して受容してこそ、証人も心開いて率直に語ってくれるというものです。

　これは、技術ではなく、人としての他の者に対する心の持ち様だと思います。

　「責めるより　容れて寄り添い　構え解く」

北風ではなく太陽です。

81

誘導で　すきに言わすな　「ですね」「ハイ」

反対尋問では、誘導尋問（ここでは「ハイ」「イイエ」で答えることのできるクローズドな質問をいいます）が原則です。

相手側が請求している証人ですから、オープンな質問をすれば、自分に都合のよい言いたいことを自由に語られてしまいます。

それでは、主尋問の上塗りをするだけです。

「ハイ」「イイエ」でしか答えることのできない質問をして証人に自由に語らせない、これが反対尋問の基本です。

「誘導で」事実を持ち出し、そうですねと聞いて「ハイ」といわせて、「すきに言わ」せないのが基本の手法です。

82

分解し　文句の言えぬ　事実獲る

誘導尋問に「ハイ」といわせるために、どうするかを示したものです。

議論や評価を聞いても証人はなかなか「ハイ」とはいいません。

証人が「ハイ」というしかない尋問とは何かです。

まず、獲得したい事実を細かな事実１つ１つに分解します。

その細かな事実の中で証人が「ハイ」という事実はどれかを考えます。

そして、「ハイ」という事実を１つ１つ獲得していきます。

反対尋問はそれで足ります。

「獲得した事実を総合するとこうである」ということは、弁論でいえばよいのです。

「事実獲る」なら「分解し　文句の言えぬ」事実にすることです。

83

無理・無用　目的なしに　壁塗るな

反対尋問でやってはいけないことを示したものです。

無理な質問は事実がとれません。

無用な質問は意味がありません。

目的もなくダラダラとした質問を重ねるのは無駄なだけでなく「有害」です。

証人に自分の言いたいことを繰り返し強調させる機会を与えるだけです。

主尋問の壁塗りをして、より強固にするだけです。

「無理・無用　目的なしに　壁塗るな」！

84

まとめるな　評価・議論が　スキつくる

反対尋問でやってはいけないことを示したものです。

個々の事実を獲得したあとで、「ということは――ですね」とまとめの質問をすると、証人は必ず「いや――そうでもありません」と反論してきます。

評価は人によってちがいます。

「暗かったですね」と聞いても、「そうでもありません」と言われてしまいます。

逆に、「暗かったですね」と聞いて「ハイ」といっても、どれくらいの暗さなのかはさっぱりわかりません。

議論をふっかけても、いい合いになるだけです。

証人はここぞとばかりに自分の正当性を論じるチャンスを持ちます。

証人に言いたいことをいわせる機会を与える。

それが反対尋問で見せてはいけないスキです。

「スキつくる」「まとめ」「評価・議論」をするな！

85

「異なる」か　「理由がない」か　「意味ある」か

　自己矛盾供述の存在を指摘して、供述が変遷しているので、「『○○だった』という公判供述は信用できない」と弁論する際の注意点を示したものです。

　取るに足らない「変遷」を取り上げても、供述の信用性を減殺することはできませんし、かえって弁護活動全体への信用を損なうこともあります。

　供述の信用性を減殺する「変遷」として指摘する価値がある「事実」なのかを、十分に検討する必要があります。

　第1に、本当に、矛盾した事実を供述していると言えるのかです。

　「どちらも趣旨としては同じ事実を供述している」と、評価されるとだめです。

　第2に、本当に、変遷していることに合理的な理由がないと言えるのかです。

　「事件直後はいきなりのことで記憶が混乱していてもしかたない」と、評価されるとだめです。

　第3に、合理的な理由なく変遷しているとしても、そのことがターゲットとしている供述の信用性に影響を与えるかどうかです。

　「確かにいいかげんなことを言っているけれども『○○だった』という供述には関連しない」と、評価されるとだめです。

　細かい変遷を取り上げれば、いくつも発見できるかもしれません。

　重要なのは、この中で、価値があるのはどれかを判断することです。

　「『異なる』か　『理由がない』か　『意味ある』か」、もう一度考えてみてください。

86

そんなこと　聞くはず言うはず　残すはず

「当初そのような供述はなかったこと」（供述の欠落）を理由にして「公判供述は信用できない」と弁論する際のポイントを示したものです。

当初は記憶が新鮮なはずであるから、体験していたら供述しないはずがない。

だから「『○○だった』という公判の供述は信用できない」というのは不十分です。

捜査官から聞かれなかったので供述しなかった。

聞かれたけれど忘れていた、あるいはそこまで言う必要がないと思ったので供述しなかった。

聞かれたし、供述したのに、捜査官が調書に書かなかった。

そんな弁解をされることを考えておかなければいけません。

「弁解はとおらない」と言えなければ、説得力はありません。

供述者の「体験」から、「事実」の位置づけを考えます。

そして、そのような「体験」であれば、その「事実」は、

捜査官は必ず「聞くはず」であり、

証人は聞かれたら必ず「言うはず」であり、

供述があれば、捜査官は必ず調書に「残すはず」

でなければなりません。

87

手順知り　理由理解し　くり返す

尋問技術をマスターする要点を示したものです。

第1に、刑訴規則199の10，199の11，199の12に基づく尋問には定型の手順があります。

第1に、この手順を覚え込むことです。

第2に、この手順の意味を理解することです。

私たちは、意味のわからないことを、くり返し覚えようとしてもなかなか身につきません。

その手順になっているのには理由があります。

その手順が最も無駄がなく、証人をコントロールでき、検察官や裁判官から介入されないものになっています。

それがわかれば身につきやすくなります。

第3に、反復練習あるのみです。

技術は意識せずともできるよう体得するものです。

こんな五・七・五もあります。

199の10の手順は、「物の意味　言わせて見せて　確認し」

199の11の手順は、「元あれば　見せて喚起し　引いて聞く」

199の12の手順は、「出た話し　物を利用し　明確に」

自己矛盾による弾劾の手順は、「確認し　記憶どおりで　見せて退く」

技術は、「手順知り　理由理解し　くり返す」ことで必ずマスターできます。

88

ノート持ち　書き込み読んで　対話する

自分だけの手控を作ることは大事です。

事件ごとに手控の冊子をつくります。

私自身は、1枚づつの紙を厚紙の表紙に紐でとじています。

事件の進行表、証拠のメモ、頭を整理するいろいろなメモなど、あらゆる情報をこの冊子に集約しておくと何より便利です。

証拠を一度読んでメモをとり、また読んでメモを加え、突然気付いたことを書き込み、メモを読んで考え、また書き込む。

冊子のメモと会話しながら、冊子が膨らむのとともに、頭も整理されていく

のです。

「ノート持ち　書き込み読んで　対話する」ことが今の僕を支えています。

89

楽したい　ならば先読み　先をする

楽をしたいのであれば、先へ先へと作業することです。

先輩や裁判所から言われてやるのは、精神的にも負担なものです。

言われる前に先回りする。

「次にやれと言われることは何だ」と常に考えます。

考えたらともかくやってみます。

そして、先輩から「――を頼む」と言われた時、「一応考えてみたものがありますが――」と言って先輩に差し出す。

こうしてこそ、先輩の信頼を得られるというものです。

「楽したい　ならば先読み　先をする」のだ。

90

指示待たず　すぐメモつくり　たえず練る

先輩弁護士と仕事をする際の心構えです。

第1に、指示を受けて仕事をするのは遅いです。

指示を待たず、次にやること、やれと言われることは何かを考え、着手することです。

第2に、やらなければと思ったら、すぐにA4判用紙1枚のメモを作ってしまうべきです。

大まかで、不十分であって、かまいません。

仕上がりのイメージを自分に持たせるのです。

そうしないと、いつまでも着手しなくなります。

イメージを持つことができれば、そのバージョンアップができていきます。

第3に、メモを頭の片隅において、いつも頭の中で練り続けることです。

他の仕事をしている時に、「ふと思いつく」そのくり返しを大事にすることです。

頭からはなしてしまうと、練り上がっていきません。

「指示待たず　すぐメモつくり　たえず練る」後輩がほしい。

91

上を知り　行きたい気持ち　行く努力

仕事には、すぐれた人とそうでない人が必ずいます。

そうでない人は2つに別れます。

別れ目は3つあります。

第1に、自分よりもすぐれた人がいることを知っているかどうかです。

多くの人は、自分もまあまあできるという思いがあります。

はっきりと、自分よりも上がいることを自覚しないとだめです。

第2に、上に行きたいという気持ちを持つかどうかです。

多くの人は、困っているわけではないし、自分はこれでいいという思いがあります。

むくむくと上にいきたいという気持ちが出ないとだめです。

第3に、具体的に上に行く努力、精進をするかどうかです。

多くの人は気持ちがあっても、日々の忙しさにかまけてしまいます。

決然と、行動をはじめなければだめです。

以上3つのことができている人を私は、「すぐれた二流」と呼んでいます。

一流ではありません。

でも、「上を知り　行きたい気持ち　行く努力」をする「すぐれた二流」ではありたいと思っています。

Q 人は、「自分よりすぐれた人」に対して「あの人とはやり方が違う」と認めたくない気持ちをもったり、「自分なんか」という思いが心をもたげて「上に行きたいという気持ちをもつ」妨げになることがあると思います。また、「具体的に上に行く努力、精進をする」うえでは、「時間がない」「ほかにやることがたくさんある」といった言い訳が浮かぶことがあると思います。

弱い心をもつごく普通の後輩に向けて、神山先生が若いころになさった努力のエピソードや、努力を続けてこられた秘訣があれば、教えてください。（編集委員・石村）

A 私がこれまで続けてこられたのは、「すごいなあ、ああなりたいなあ」とあこがれる先輩に出会えたことがすべてです。

あこがれの対象となる「○○弁護士」を持てるかどうかです。

そのためには、若い時に、いろいろな弁護団に参加することだと思います。

私は、徹底的にその先輩のまねをしました。

文章もまねました。

立居振舞いもまねました。

尋問もまねました。

そんな思いが、「盗む気で　見て知りつかむ　暗黙知」という五・七・五になりました。

私のやり方は古いのかもしれません。

しかし「古き良き師弟関係」そのものも私のあこがれなのです。（神山）

92

盗む気で　見て知りつかむ　暗黙知

本当の技術は、教えてもらうものでも、教えてもらえるものでもありません。

技術には、言語化できるものもありますが、所作、作法、立居振舞、心の持

ち様等々、教え難い「暗黙知」と言われるものも多くあります。

　では、どうするのか。

　優れた先輩の姿を見て知って、盗むしかありません。

　盗むにはどうするのか。

　盗む気で、先輩の一挙手一投足、一言一問を見続けることです。

　すぐには無理です。

　何年かかけてそのうちにわかるものです。

　「盗む気で　見て知りつかむ　暗黙知」をつかみ続けたい。

93

二度はない　思い・感覚　知恵・工夫

　似たような事件がきた時、「前と同じだな」と思うことを戒めたものです。

　事件に同じものは絶対にありません。

　「二度はない」ことを肝に銘じることです。

　事件に出会った時、依頼者のためになんとかしたいという思い、ポイントになることは何だろうという感覚を大事にすることです。

　「前と同じ」マニュアルを適用すべきではありません。

　そして、とらわれずに知恵も出し、新しい工夫をすることです。

　刑事弁護という仕事は、「前と同じにやっておけばよい」という程度の仕事ではありません。

　依頼者の人と人生は、個々なのですから。

　「二度はない　思い・感覚　知恵・工夫」を持てているだろうかと反省しています。

我一人　通す技術と　覚悟持ち

すきに生きるというのは、あこがれですが、批判も多いものです。

批判は恐いものです。

でも、やりたいようにやりたい。

この人生は自分一人の人生だという思い。

批判をしにくい技量を持つ修練。

批判を受けて立つという覚悟。

何かをやる時、今の自分に、「我一人　通す技術と　覚悟」があるのかを問い続けてきました。

Q　刑事事件は結果が出ないことが多いです。正しいと思っても、一生懸命に頑張っても、結果が出ないことの方が多いと思います。神山先生も、結果が出ない悔しさをこれまで何度も味わってきたのではないかと、勝手ながら推察します。

今まで、ふと、覚悟が折れそうなことはありませんでしたか。その時に、神山先生にもう一度覚悟を持たせてくれたものは何でしたか。これから何度も何度も負けを重ねることになるであろう後進に、勇気が持てる言葉をください。（編集委員・水橋）

A　覚悟が折れそうになった時、どうしていたかを思い起こすと、いつも同じです。

『巨人の星』（作・梶原一騎）に心酔していますので、夜空を見上げます。

そして、あこがれの弁護士の姿を目に浮かべます。

「僕はあそこに行きたいのだ」と心の中で言います。

そんな思いが、「あこがれに　あこがれ続け　あこがれる」という五・七・五を生みました。

これに尽きます。（神山）

95

縄を解き　服を整え　横に座す

　裁判員裁判法廷における勾留中の被告人について、事前に申入れておくことを整理したものです。

　第1に、裁判員に腰縄、手錠をつけた被告人の姿を見せてはいけません。

　被告人と言えども人間の尊厳があります。

　裁判員が姿を見て、偏見・予断を持つこともいけません。

　事前に、腰縄、手錠をはずして入廷するように申入れておくことです。

　第2に、被告人にもきちんとした服装をさせてください。

　男性であれば、Yシャツにスーツ上下を差し入れておき、事前に、ピン止めのネクタイ、革靴のように見えるスリッパの着用を申入れておくことです。

　第3に、被告人はいついかなる場合においても弁護人のアドバイスを受ける権利を持っています。

　弁護人とのコミュニケーションのためには、被告人は弁護人の横に座るべきです。

　事前に、裁判所にそのことを伝えておくことです。

　被告人は、「縄を解き　服を整え　横に座す」権利を持っています。

96

幅狭く　判断慣れて　自信あり

　裁判員裁判と比べて、裁判官だけがする裁判の問題点を指摘したものです。

　第1に、裁判官だけでは社会経験、人生経験の幅が狭くなります。

　裁判員は市民から選ばれます。

いろいろな職業、いろいろな人間関係、いろいろな人生経験をした人が集まります。

　幅が広い方が、より深い議論ができると思います。

　第2に、裁判官は判断に慣れています。

　慣れは恐いものです。

　「初心忘れるべからず」と言います。

　裁判員は初めての経験です。

　初めてだからこそ、新鮮な気持ちで、とらわれない判断をすることができます。

　第3に、裁判官は自信を持っています。

　自信があることも恐いものです。

　判断は難しいという謙虚さを失いがちになります。

　裁判員は自信がありません。

　自信がないので、あれこれ悩み迷います。

　苦しんだ上の判断だからこそ、誤りは少ないと思います。

　「幅狭く　判断慣れて　自信あり」の判断は恐くありませんか。

97

当てて聞く　深くうなずき　次に行く

　評議において、自由に活発に意見が出るようにするための1つの工夫を考えたものです。

　第1に、「誰か意見はありませんか」と言われても、なかなか言い出しにくいのが人情です。

　「○○さんどうですか」と聞かれた方が言い出しやすいものです。

　第2に、裁判員の発言に対し何も言わないことです。

　裁判官は1人の裁判員の意見に対して何かしら言いたくなるものです。

　コメントをしたり、意見の趣旨をわかりやすく整理し直したりします。

しかし、たとえ善意であっても、こんなことをくり返せば裁判官との1対1のやりとりが続いていくことになります。

　これでは、裁判員同士の意見交換はできません。

　かといって、全くリアクションがないのも裁判員を不安にします。

　深くうなづくだけがよいと思います。

　第3に、そして次に行くことです。

　裁判官が発言するのは、一通り全裁判員の意見が出たあとまでがまんすべきです。

　ちなみに私は、これを司法研修所の教官時代、講義で実践しました。

　誰も眠りません。

　「当てて聞く　深くうなずき　次に行く」ので、毎回全員に当たるのですから。

98

力持ち　受けて動せず　誇りあり

　私が考える優れた検察官の条件を示したものです。

　第1に、権力を持っていることを自覚していることです。

　被疑者が呼び出されてくるのも、取調べに応じてくるのも、権力を行使しているからです。

　常に、権力を行使しているという自覚がないと、自分を見誤ります。

　第2に、権力を持っているのですから、常に堂々としていることです。

　「黙秘」や「不同意」に対して、ぐちをこぼすのは情けないことです。

　「どうぞお好きに。こちらは完璧に立証します」という態度こそあるべき姿です。

　「弁護人が何をしようと、検察官は『横綱相撲』を取る」と言っていたすぐれた検事を思い出します。

　第3に、権力を持っているのですから、潔くあるべきです。

論告が採用されず、判決に救ってもらうのは恥です。

全力を尽くしたはずの一審で負け、上訴するのも恥です。

権力を持つ者の「誇り」を忘れないでください。

「力持ち　受けて動せず　誇りあ」る検事たれ！

99

筋が見え　見えぬ圧力　思い込み

取調べにおいて取調官が注意する点を拾ったものです。

第1に、取調べには必ず圧力があります。

取調官がどれだけ善意であろうと、注意しようと、取調べという状況そのものが、取調べをを受ける者にとっては圧力を感じる場なのです。

ただでさえそうなのだということを、自覚する必要があります。

第2に、取調官には事件の筋が見える（見えると思ってしまう）ことです。

筋が見えるとどうしても取調官の意に沿った供述をとりたくなります。

するとどうなるか。

事実として間違っていないとしても、取調べを受ける者からすれば、「自分の言い分を聞いてくれなかった」「取調官の意見を押しつけられた」という思いになります。

その結果、取調官に対して「恨み」を残します。

「恨み」は、「任意ではなかった」という争いを生みます。

「間違った筋を読んではいない」という時にこそ、落とし穴があります。

第3に、どれだけすぐれた人でも「思い込み」を持ちます。

職務熱心であればあるほど「思い込み」を持ちがちです。

思い込みは視野狭さくを生みます。

視野狭さくになると、意に沿う証拠は大きく輝いて見えます。

意に沿わない証拠は見えなくなります。

するとどうなるか。

誤った判断をして、無理な取調べをすることになります　（→「思い込む　欠けるまちがう　誘導す」「思い込む　見える見えない　視野狭く」）。

「筋が見え　見えぬ圧力　思い込み」に陥るべからず。

100

調書捨て　事実を選び　組み立てる

供述調書の再現をしようとする検察官に対して、主尋問の心構えを説いたものです。

第1に、供述調書どおりに供述されるのはダメです。

供述調書は捜査段階のメモにすぎません。

争点から考えると無駄な供述があります。

証拠から考えると無理な供述があります。

まずは調書を捨てることです。

第2に、争点を考えて、立証しなければいけない事実を選択することです。

無駄な事実を供述させる必要はありません。

第3に、事実を並べてみて、どのような順序、構成で供述させるのがわかりやすいか、信用されるかを考えることです。

あらためて、組み立てるからこそ、やりがいがあるというものです。

「調書捨て　事実を選び　組み立てる」喜びを感じてください。

第2部

刑事弁護の
原点と伝承

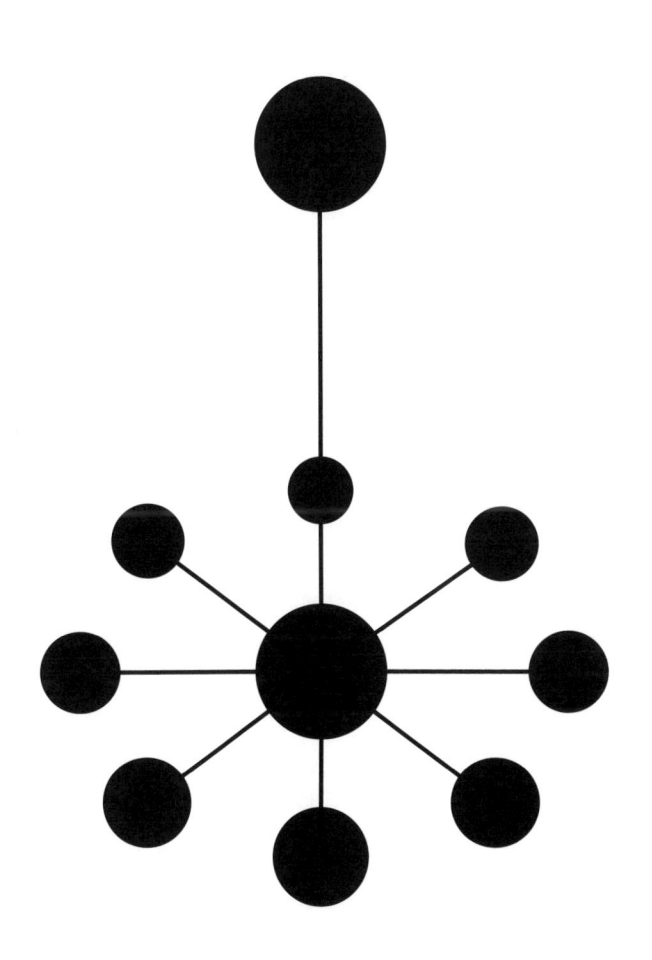

1　徹底的な調査による弁護活動

交通事故無罪事件と反対尋問研究会から学んだこと

【対談】高山俊吉 VS 神山啓史

たかやま・しゅんきち

かみやま・ひろし

◎プロフィール

高山俊吉（たかやま・しゅんきち）　1940年東京生まれ。東京大学法学部卒。司法研修所第21期修了。弁護士（東京弁護士会）。交通事故事件・道路交通法違反事件の刑事弁護活動、行政処分事件、交通事故の賠償請求事件の代理人活動等が多い。また、市民の立場から、交通事故、交通取締り、交通警察、交通安全教育等に関して発言することが多い。日本交通法学会、日本交通科学学会、国際交通安全学会などに所属。主な著作に、『挑戦する交通事件弁護』（共編、現代人文社、2016年）、『入門　交通行政処分への対処法』（現代人文社、2017年）、『交通事故事件弁護学入門［第2版］』（日本評論社、2019年）などがある。

1. 2人の出会い

神山 高山先生から本当に様々なことを教えていただきました。先生、私との出会いを覚えていますか？

高山 神山さんは、いつの間にか私たちの事務所の準メンバーみたいになっていて、そのきっかけがどうにも思い出せない。

神山 自分の手帳を調べてきました。1985年1月15日、成人の日に高山先生の事務所に呼ばれたのです。

　少年2人が警察官から暴行を受けた付審判請求事件がありまして、「今度、こういう事件をやることになった。若い弁護士を中心に弁護団を組む」という連絡が、当時、私が所属していた五反田法律事務所に入りました。それで初めて高山先生にお会いしました。私は、弁護士になって2年目の1月でした。その当時、高山先生がいかに優れた弁護士であるかをまだ分かっていませんでした。

高山 1985年といえば、プラザ合意の年ですね。そうでしたか。優れた弁護士は事実誤認ですが。

神山 あの事件では、若い弁護士が10人ぐらい集まって、暴行を受けた少年2人とその関係者全員から事情聴取をしました。私たちは「インタビューに行

ってこい」と言われました。あの時が初めてなんです。

高山　そうだとすると、私はそのとき弁護士16年目、40代の半ばでしたね。

２．５件の弁護団事件と３件の無罪判決

神山　その後、高山先生と刑事事件の弁護団を５件ご一緒しました。そのうち交通事故案件が３件でしたが、その３件全てで無罪を取りました。私たちは高山先生についていっただけですが、無罪の喜びを教えていただきました。弁護活動次第では無罪を取れることも知りました。

　振り返ってみると、いずれも厳しい事件でした。検察官の主張を支える物証がありましたが、「ああでもない、こうでもない」と議論を重ねました。最近は「ケース・セオリー」という言葉が使われますが、高山先生との弁護団でも、検察官の証拠を、どのように説明して、被告人に過失がないとしても説明がつくことをどのように明らかにするか、よく考えました。今振り返ると、そうやって若いころに刑事弁護の考え方を教わることができて、本当に良い勉強になったと思います。

高山　そうですね。七転八倒というか、苦労して苦労して苦労して無罪を勝ち取った。判決まで５年ぐらいかかった事件もありました。一人の警察官の尋問に２年近くかけたこともあった。それと比べると、裁判員裁判は、私にとっては本当に世界が違うというか、同じ刑事裁判の感じがしませんね。

　それぞれの事件の思い出は忘れようがない。神山さんも同じだろうけれども、経験した期間の長さと思いの深さが、記憶の基底に沈着しています。

　ひき逃げの責任が問われた事件がありました。被告人は「自分が通ったときには、事故がもう起きていた。路上に何かの物体があるのを自分は避けて通った」と主張し、検察官は「被告人がひいた」と主張していた。被害者の身体に轢過の痕跡がどのようについているのかを確認するために、法廷にタイヤを持ち込んだこともありました。

　タイヤは、法廷でみると意外に大きいものです。神山さんがトレパンをはいてそのタイヤにひかれる格好をした。ほとんど舞台上の演技でしたね。

神山 今考えても、あのような活動は裁判員裁判の先取りだったと思いますね。私は、高山先生と出会わなければ思い付かなかったと思います。車体の下部の図面を描いた紙を法廷の床に敷いて、そこに、私が実況見分どおりに横たわって。そして、法廷に持ち込んだタイヤを高山先生が証人に証言させたとおりに動かさせました。そうすると、実際の痕跡と合わないんです。忘れもしません、裁判官3人が壇上から下りてきて、みんなが私を囲んで見下ろしました。

高山 そうそう。不思議な光景でしたね。車座になるような感じで、裁判官、検察官、弁護人、みんなが寝ているあなたの周りをぐるっと囲んで。

　そういう活動を思い付くには時間軸が必要です。当時は準備に時間を使うことが可能でした。権力という武器をもたない私たちにとって、無罪を勝ち取るためには時間が決定的な武器でした。裁判員制度のもとでそれに代わる方法論をどのように現実化できるのかという疑問は、今もずっとあります。

神山 その点について、先生とは、公判前整理手続が導入された時期からいろいろな議論をさせていただきました。

3．徹底的な調査活動

神山 高山先生の弁護活動の特色の1つに、「徹底的な調査活動」があげられます。ともすると若い弁護士は、検察官の証拠を吟味、検討して弾劾することに終始してしまいがちです。

高山 そうですね。「現場百遍」という言葉があります。現場に百遍行けば、今まで気付かなかったものが見えてくるということです。現場に百遍は行けないにしても、十遍は行かなければならないと思い、私は桁を1つ下げて「現場十遍」と言っています。ところが、現場に一度も行かない弁護士がいるというのですから、驚きます。

　ある弁護士は、私にこう言いました。「疑問を感じたら現場に行きますよ」と。でも図面を見るだけで「これはおかしい」と感じられる図面なんて、まずありません。「疑問を感じたら現場に行きます」などと言われると、私は返す言葉がなくなります。そんな感覚の弁護士が多くなっているとは思いたくないけれ

ども。

神山　多いです。それは間違いない。今も私は取りあえず現場に行くことを実践しています。

　私が衝撃を受けたのは、現場での高山先生の写真の撮影方法です。現場に行くときに、高山先生は、現場写真のフィルムを作り、それを入れたカメラで現場写真を撮影するのです。

高山　一眼レフのカメラののぞき窓のところに、警察官が撮影した写真を小さくフィルムに焼いてはめ込みます。そうして、現場のいろいろな場所でそのカメラをのぞく。そうすると、警察官が撮影した写真と自分がレンズを通して見ている現場が重なる位置を見つけることができます。そこが警察官の撮影ポイントであることが分かる。

　撮影ポイントが分かることによって、その写真に写っている対象を図面上に再現することができ、ある地点から対象物が見えるかとか、対象物は正確にはどこにあったかということなどを、図面上で確定することができます。

神山　私は驚きました。あのような作業をすることで、今は路面上から消えているタイヤ痕が事故当時路面上のどこからどこまでの位置にあったかということなどが分かるわけです。

高山　そのように図面上の各地点を特定することができれば、警察官がきちんと測定したのか検証できます。そのような作業は交通事故事案の弁護活動の基本ですから、今でもやるべきでしょう。

神山　実況見分調書がいかに杜撰なものであるのかということは、高山先生と弁護活動をご一緒していなかったら、今でも分かっていなかったと思います。交通事故の実況見分調書に記載されている痕跡は、自動車の速度や位置の認定と密接に関連します。そのような事案で実況見分調書の信用性を徹底的に検証した経験があったからこそ、例えば殺人事件の実況見分調書でも、血の飛び具合をしっかり検証することができるようになりました。

高山　交通事故の興味深さや奥行きの深さは、おそらくそのような点にあるでしょうね。

4. 弁護人独自の目撃者探し

神山 私が勉強になった調査活動として、目撃者探しもありました。私は高山先生に、「電柱にこんなポスターを貼っていいんですか?」などと聞いたことを覚えています。あのような調査活動も、高山先生はずっとやっておられたのですね。

高山 情報を獲得するためには、「情報を集めている」と発信するしかありませんから、「事故を見た人は連絡をください」というメッセージをよく出しました。現場近くの電柱や、周辺を走るバスの車内の掲示板などに出しましたね。

路肩に小さいやぐらを造り、目立つように「目撃者探し」と掲示したこともありました。警察からクレームが付くこともありました。「やめてくれ。そのような掲示をされると、警察が動いていないように思われてしまう」などと言われたこともありました。

弁護人が目撃者を探す作業をする根底には、警察が本当に一所懸命探したのかという疑問があります。神山さんとやった事件では、目撃者が名乗り出てくれましたよね。

神山 そうなんです。見つかったんです。

高山 その事件では、事故当日の現場での実況見分調書の写真に、たくさんのやじ馬が写っていました。これだけの人が集まっていたのなら、事故を目撃した人もいるかもしれないし、目撃した人につながるきっかけになるかもしれないと思い、それで近くの電柱に掲示を出したんです。

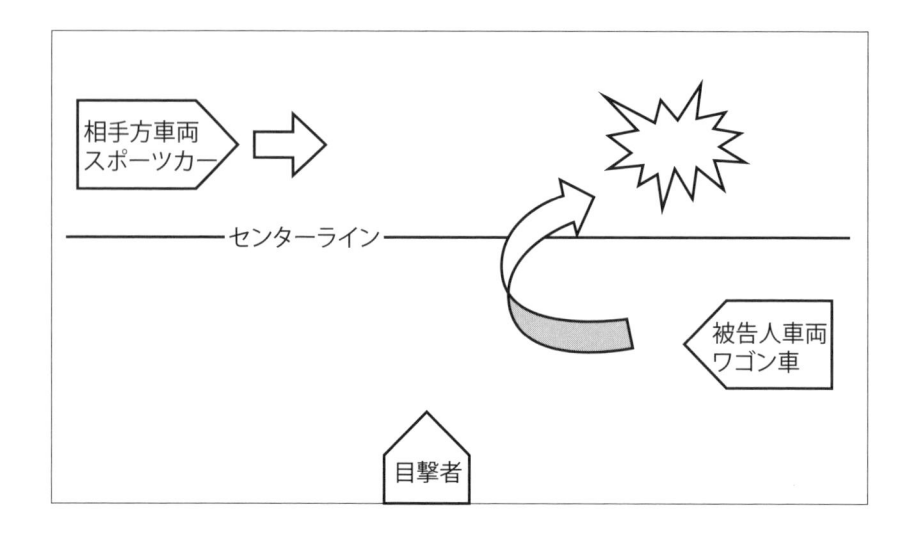

神山 高山先生、あえてお聞きしますけど、最近の若い弁護士はやや保守的になっている。私も当時は保守的でした。若い時期には「こんなことをするとどこかからお叱りを受けるのではないか」と委縮する傾向があると思いますが、いかがですか？

高山 法律を無視して調査活動をしろなどとは言いませんが、「無罪を主張する」ことになったら、かなりの努力をしなければなりません。「かなりの努力」とは、今ある資料を突き合わせるようなことでは足りないということです。資料を集めなければなりません。目撃者が本当にいないのかもう一度確認する。そのような調査活動をすることから新事実の発見につなげる。

神山 そうなんですよね。

高山 神山さんと弁護団を組んだ事件で、目撃者が見つかって無罪を勝ち取った交通事故を振り返ってみます（上図を参照してください）。

　被告人のMさんは、恋人をワゴン車の助手席に乗せて運転してUターンし、対向車線沿いにある恋人のマンションの前に車を止めようとしました。すると、対向車線をものすごい勢いでスポーツカーが走ってきてこれと衝突し、Mさんの車に乗っていた恋人に傷害を負わせ、彼女は亡くなりました。

　この事故で検察はスポーツカーの速度はそんなに高くはなかった、転回時の

Mさんの不注意が事故の原因だと判断したのでした。そこで、対向車線を走ってきたスポーツカーがどれぐらいの速度で走行してきたのかによっては、転回をするにあたってそのような暴走を想定する注意義務があったのかが争点になると考えたのです。

　弁護人の鑑定依頼を受けて、対向車線のスポーツカーの速度が時速120キロぐらいであったとしてもおかしくないという鑑定結果が出ました。これを受けて、今度はこの道路で通常ドライバーはどれぐらいの速度で運転しているのかを確認するために、私はオートバイで走ってみましたが、時速90キロを超えるような速度は怖くてとても出せませんでした。違法の走行速度であったことを今告白しますが……。

　そのような道路で転回をするにあたって、時速120キロで走ってくる車を予見する義務は果たしてあるのだろうかと考えました。検察官は、「直線道路なのだから、高い速度で走ってきたとしても見えたはずだ」と言う。それに対して弁護人は、写真を撮影すれば写る位置にいたとしても、転回しようとする運転者にとっては危険性を感じる位置にはまだ来ていなかったので、「見えて見えず」というか、認識しえない状況下にあったと言うべきであり、認識しなか

ったことを責めることはできないと主張しました。

　そのように主張するにあたって、Mさんが転回行動をとった時の状況や、相手方車両の走行状況を確かめたかった。そこで、目撃者を探したわけです。

　曲折はありましたが、目撃者が出てきたのです。図面にあるように、近くの脇道から出てこようとした車の運転者が、「左手の遠くの方から走ってくる車を見た」と言うのです。その目撃者は、たまたま相手方車両と同じ車種のスポーツカーを運転していました。その目撃者は、「向こうの方から走ってくる車の前照灯を見て、瞬時に自車と同じ車種だと分かった。異常な高速度だった」と言うのです。この目撃者の存在はとても重要でした。

5. 弁護人独自の速度調査と証拠づくり

神山　その事件での証拠づくりのこともよく覚えています。検察官は、「直線道路なのだから、対向車線をある程度の速度の車が走ってくることも予見するべきだった」と主張しました。そこで、この道路は通常どれぐらいの速度の車が走っているのかを調査して証拠づくりをしましたね。これがまた私にとっては画期的でした。

高山　これは神山さんの功績が大きかった。現場の近くにマンションがありました。そこで、マンションの屋上に下の道路に向けてビデオカメラを設置しました。そして、道路には20メートル間隔でガムテープを貼って、そのガムテープの間を通過する車をビデオカメラで撮影しました。

神山　当時の私は「道路にガムテープを貼っていいんですか？」と思いましたよ。

高山　ガムテープと言っても、細くて運転者からはほとんど見えないようなものです。リフレクタブルテープというもので、光を乱反射する性質があり、上からはかなりよく見える。運転者から明確に見えるテープだと、車が減速してしまい調査の意味が乏しくなりますから、運転者から見えにくく私たちはよく見えるガムテープを貼ったわけです。

　夜間、走っている車は、ルーフランプや前照灯などの人口の光源をもってい

ます。真っ暗で走ってくる車はありません。その光源が道路に貼った2本の線の間を何秒で通過するかを測定すれば、走行速度が分かる。マンションの屋上に設置したビデオカメラでその状況を1時間撮影して、509台の車を撮影することができました。すると、その平均速度は時速53〜54キロぐらいでした。その道路は制限速度が時速50キロでしたが、みんなあまり速度を出して走っていなかったのです。

　この車両走行状況を前提として、統計学を用いて時速120キロで走る車がどの程度の頻度で登場するかを算出することもしてみました。車両の走行速度はほぼ正規分布していると考えてみたのです。その結果はおよそ数千台に1台というようなレベルの出現頻度だということでした。その分析の基礎データを得るために、神山さんの主導で調査をしたわけです。

神山　その経験が今の私の弁護活動を支えています。「こんなこともやった」「こういうことをやってきた」という自信と諦めない姿勢を身に付けることができました。

高山　しかし、それにしても神山さんの高所恐怖症は印象的でした。

神山　弁護団のメンバーみんなで、マンションの屋上に上がりました。私は怖くて屋上の端に寄ることができませんでしたよ。

高山　この調査の結果を証拠化したら、検察官が、「自分たちも現場を走行する車の平均速度を調査する」と言い出しました。「自分たちも調査をするので、その結果をまとめた証拠書類に同意してくれるならば、弁護人の調査結果をまとめた証拠書類に同意します。お互いに同意しあおう」と言うのです。検察官がこれから行う調査に関して、弁護人が予め「同意する」などと言えるわけがありません。われわれは、一般的な走行速度を論じる私たちの論陣の中に検察官が入ってきたことをよしとしつつ、「検察官がきちんとした方法で調査をすれば、我々は同意するでしょう。しかし、調査結果を見ないで同意することは弁護人としてできません」と答えました。

神山　その後、検察官は実際に現場で平均速度の調査をしましたね。

高山　捜査機関は速度違反の取締り用のスピードメーターを現場付近に設置して調査しましたね。

神山さんがある日、私に「高山先生、今日あたり、検察官が調査をするような気がします」と言いました。私は、神山さんは第六感が優れた人だと思っていましたので、「それなら、申し訳ないけれども、現場に行ってみてくれないか」と言ったのです。神山さんは当時この現場からあまり離れていないところに住んでいました。

　そうしたら、現場に行ってくれた神山さんから連絡があって、「やっぱり調査をやっています」と言うのです。

神山　そうなんです。調査をしている現場で検察官と話しました。向こうも弁護人が来てびっくりしたでしょうね。

高山　後日、検察官の調査結果の開示を受けてみたら、検察官が調査した平均速度のほうが、我々が調査したときの平均速度よりもさらに遅かったのです。検察官は調査をすると公然予告をしていましたから、証拠調べ請求をしないわけにはいかず、我々は感謝しながら証拠調べに同意すると述べました。

　刑事弁護というのは、活動している最中に忘れられない思い出がたくさん生まれますね。

神山　弁護人が独自の調査をして証拠を作り、その証拠を基に議論するというのは、刑事弁護のまさに基本だと思います。高山先生との弁護活動は、その基本がとてもダイナミックでした。若い弁護士には、若いうちにこのような経験をしてもらいたいです。若いうちの経験であってこそ、その後の弁護活動の支えになるんです。

6．弁護人が実感をもつための再現実験

神山　あと、私が高山先生と弁護活動をして最も驚き、そして学んだことの一つに、「弁護人自身が実感する」ということがあります。弁護人自身が実感をする過程で確信をもつのだと教わりました。高山先生には、「弁護人が実感をもたないでどうするんだ」と言われました。

　高山先生は、交通事故の事件を受任すると、すぐに同型車を用意します。どんなつてがあるのかはよく分からないけれども、すぐに用意する。同型車に乗

って、同じ時刻に、同じ場所を、関係者の供述どおりに何度も何度も走るんです。先ほどの事件でも、高山先生が運転をして、「神山さん、助手席に乗れ」と言われて、現場で何度も何度もＵターンを繰り返しました。

　衝撃的だったのは、ひき逃げの故意を争った事件です。被告人質問の前に、運転していた被告人がどのように感じたのかを確かめるために、実際に車で物体をひいてみようという話になったのです。

高山　人をひいてしまうとどのような感触があるのか疑似体験できないかと考えたのです。それで、木の心棒を布団でぐるぐる巻きにしたものをひく実験をしました。事故になったら大変ですから、みんなヘルメットかぶって車に乗り、それで布団をひきました。

　交通事件の再現実験というのは、実際には難しいものです。「どこでどのように見えるか」を確認する実験も、実験内容を知った上でやるのか、知らないでやるのかによって、結果がまるで違ってきます。外国の文献ですが、その違いの係数は幾らか（例えば、予期していないと予期している時の半分の距離になるまで対象を認識し得ないなどと考える）という研究もあります。

　そのようなことを知っていることが弁護活動の基礎になります。検察官よりもこちらのほうが深く考えているという自負にもつながる。その自負というのは結構重要で、裁判所に与える迫力が大きく違ってきます。

7．法廷での作法と「胴を取る」ことの重要性

神山　私は、高山先生と一緒に法廷に立ったことで、法廷での作法も学びました。高山先生は、法廷では丁寧な言葉遣いをされ、決して激高しません。

　内心では検察官や裁判官に対して激高することもあるはずですし、言うべきことはきちんと言うけれども、あくまでも丁寧な言葉遣いをされる。私も横で見ていて学びました。

高山　そうでしたか。私は、これ見よがしというか、いかにも演出じみたことはしません。それはいやらしいですし、内容の乏しさを見抜かれてしまいます。やはり中身で勝負したい。

ただし、法廷では、状況を変えたい、法廷の雰囲気を変えたいと思うことがあります。例えば、弁護側証人や被告人に少しでも気持ちに余裕を持ってもらうために、何か一言でも言っておくべき場合があります。

　「異議！」と言うと、「何条何項に基づく異議ですか」という話になりますが、そこまでの議論にはならなくても、検察官の尋問で証人や被告人がひるんでいるなと思ったら、その人たちに立て直す機会を与えるために、「異議！」と言うことがあります。「異議ではないけれども」と前置きして、「そういう質問は適当ではないと思います。考え直してくれませんか」と言うこともあります。そのようなやり取りをしている間に、彼らは態勢を立て直すのです。法廷は文字どおり火花を散らす勝負の場ですから、あまり形式論で考えず臨機応変に対応すべきものだと思います。

　私は、弁護士登録をした直後に、ある労災事件を担当しました。自動車メーカーに就職した若者が、会社の敷地内にある寮で倒れているところを発見されたけれども亡くなった事件でした。ご遺族は会社に対して安全配慮義務違反による損害賠償請求訴訟を提起しました。

　私は、その事件の係属中に弁護士になり、尋問に途中から参加したのでした。寮の管理人が会社側証人として出廷していましたが、証言態度がとても悪かったのです。そうしたら、傍聴席にいた亡くなった方の友人が声を出して笑いました。証言態度に対する批判の笑いでした。

　すると、裁判長が「傍聴席、静かにしてください」と言いました。私はとっさに裁判長に向かって「傍聴席におっしゃるのは結構だけれども、証人の態度が悪いのが理由です。証言態度を変えるよう証人に注意したうえでなさってください」と言いました。裁判長は、「証人も言葉遣いは気を付けるように」と言いましたね。そうしたら、尋問が終わった後で傍聴席にいた方から、「あの一言で法廷の雰囲気が大きく変わりました」と言われました。裁判長が傍聴席だけを注意したことについて、代理人が物を言ってくれたことによって空気が良い方向に変わったと言うのです。

　状況を見ながら、そこに当てはまる物言いをすれば、裁判官も無視できません。独りよがりのことを言っては駄目ですね。

「胴を取る」という言葉があります。「胴」というのは「胴元」の「胴」で、その場の主導権を握るという意味です。法廷の形式上の胴元は裁判長ですが、実は検察官であったり、弁護人であったり、場合によると傍聴席であったり、雰囲気や方向性を決める主人公はいろいろです。

　弁護人が法廷での胴を取り、その場の雰囲気を弁護人が作っている状態にして、弁護人を中心に波紋が広がっていくような状態を作り出し、弁護人の思うように状況を変えていきたい。この点で、神山さんには天賦の才覚があると私は思っています。

神山　いえいえ、それはないです。「胴を取る」というのは、今の若い人の言葉遣いにはあまりないかもしれませんが、本当にそのとおりだと思います。自分が主導権を握るべきです。何の遠慮も要らない。他人に主導権を取らせたまま物事を進めることに慣れてはいけません。

8．弁護団の人的構成──先輩・同世代と組むことの重要性

神山　高山先生は、受任した事件で弁護団を結成するときに、メンバーに新人を2人加えますよね。高山先生がいて、私のような番頭役がいて、働き手の新人が2人いるというパターンが多かったと思います。先生が、1人で弁護人をするのではなく、2人でもなく、複数の新人を加えたのは、どんな発想からだったのですか。

高山　雑務を担ってもらうためではありません。若い人たちの発想や着想を得るのがその目的です。若い人たちに議論に加わってもらうことで、お互いに「ああ、そういうふうに考えるのか」と感じることができます。

神山　なるほど。

高山　また、若い人にとっては、経験に差がある弁護士と組む経験だけではなく、同期ぐらいの仲間と組む経験も大切です。だから、若い弁護士には複数で弁護団に加わってもらいました。

　私は、若い頃に同期の弁護士複数と一緒に担当した事件がたくさんあり、いろいろなことを学びました。「彼はなぜこんなに尋問がうまいのだろう、一緒

に弁護士をスタートしているのに」、そんなことを考えました。先輩だと、「先輩だからうまくて当たり前」、「やっぱり先輩はうまいな」と思ってたいていそれで終わってしまいます。しかし、同程度の経験の弁護士が、分析が深かったり、尋問するときの姿勢が堂に入っていたり、相手に詰め寄るときの言葉の展開が優れていたりすると、とても勉強になります。

　だから、同期の弁護士が近くにいること、同期でなくてもいいけれども、要するに同程度の経験をもつ者同士で切磋琢磨してほしいと思います。

神山　同世代の弁護士は、ライバル心もあるし、競争心もあるし、議論しやすい相手でもあります。だから、同世代の弁護士がいることによって、議論は明らかに活発になりますし、自由な発想で物を言う雰囲気もできます。

高山　そうですね。先輩とやるのも良い。同世代とやるのも良い。その双方を若い弁護士に経験してもらおうとすると、先ほど神山さんが言ったような弁護団の構成になるのです。

9. 各自の特質を活かした弁護団活動

神山　弁護団の活動で勉強になったこととして、メンバーそれぞれの得手・不得手を自覚してうまく役割分担をするということもありました。例えば、やたらと科学的解析の好きな人がいましたし、私は、記録を読み込んで供述内容を分析するのが好きでした。それぞれが自分の得意分野を活かすことによって、みんなの能力を統合して弁護活動をすることができます。

高山　それは確かにありますね。それぞれに傾向や特質があり、各自の知恵を持ち寄ってこそ意味がある。「じゃあ、第1章は君が起案してね」というように小分けして各自が作業をして終わりでは、本当の弁護団活動とは言えません。私の弁護団は、それぞれの特質を活かしながら、皆で一緒に議論や作業をして、その中で発見をするプロセスがあるような活動だったと思います。

神山　おっしゃるとおりです。そのような弁護団活動をするためには、人数が多すぎても駄目ですよね。だから、高山先生の弁護団の4人という構成はベストだったと思います。4人であればすぐに集まることができますし、どこかに

行くときも少なくとも2人ずつのペアをぱっと組むことができますから。

10. 若手弁護士の起案の丁寧な添削

神山　ところで、高山先生は、若い弁護士の起案をとても丁寧に添削されますよね。高山さんの添削の細かさたるや、あれだけ丁寧に添削をされることに込められている高山先生の思いは、いったいどういうものなのですか。

高山　それはよく言われますね。もしかすると、「度が過ぎる」のかもしれないけれど、「目標の実現のために、もっと文章を磨かなければならないのではないか」、「もっと鋭くできるのではないか」という思いをいつももっています。裁判官に、「これだけの事実が積み重なったら、弁護人の主張を認めざるを得ない」と確実に思わせる文章になっているかを考え、できる限り精緻な文章にしたいと思うのです。

　文章というのは、他人が直したほうが良いものになります。岡目八目とはよく言ったものです。人に直してもらうことについてはウエルカムと捉える。直してもらったほうが必ず良くなりますね。

　みなさん、やはりそれなりに自負があるし、「人から文章に手を入れられることを好みません」と言う人もいます。その自負はよしとしますけれども、苦闘した経験、失敗した経験、その他のいろいろな経験を通じて得たものを周りに伝えることも、一つの大事な作業です。その作業をしないと、ほかの人と共同の深い知恵になっていかないと思います。

　私は、人に文章を直されても「何を」なんて思いません。お互いにそうやって直し合って知恵を共有していく関係性が大事だと思います。

神山　私は、高山先生が若手の起案を添削する姿を見てきました。先生は、原文をどのように生かすかを考えながら、苦労して添削をされます。その情熱とエネルギーはすごいと思います。

　私自身も、高山先生に添削してもらった経験が役立っています。だから、若い弁護士にいつも、「どんどん添削してもらうべきだ」と言っています。若い弁護士を指導する方々には、「きちんと丁寧に添削しよう」と言っています。

私自身は十分にできていないのですが……。

　高山先生の添削を見ていると、無駄な文章を徹底的に削りますよね。

高山　同じことを2回言わないとかね。

神山　そうです。一番学んだのは、その点です。無駄なことは言わないということです。

高山　弁護士の社会は、ギルドとも言われますが、「こういうふうにやるものだよ」と言われて学ぶところがあります。前近代的と言われるかもしれないけれども、それで弁護士業界がもってきた。そこは無視しないほうがいいと思います。

11. 反対尋問研究会

高山　神山さんは、みんなで切磋琢磨することを強調してきましたね。「反対尋問研究会」も神山さんが始めたことでした。私は、確かにいい着想だと思って一緒に研究会をしたけれども、実質的には「神山学校」でした。私は場所を提供しただけです。

神山　いえいえ、そんなことはないです。何かの議論をしているときに、反対尋問研究会をやろうという話になったのです。

　実際の事件で証人尋問が終わって尋問調書が完成した後に、研究会のメンバーにそのコピーを配布して、尋問をした報告者がみんなからとことん追及を受ける。今思えば大変な研究会でした。

高山　反対尋問研究会については、季刊刑事弁護10号（1997年）82頁に、神山さんと私の共同報告で「[反対尋問研究会報告]あなたの反対尋問を添削する」というレポートが掲載されています。研究会では、報告者に、「うまくいかなかった尋問でいい。その反省をみんなの前で披露してほしい」と言って、尋問調書を持ってきてもらいました。研究会当日は、「どのような考えからこの質問をしたのか」というように、みんなで聞いていくわけです。

　報告者には「うまくいかなかった尋問を報告してほしい」と伝えてあるのですが、実際には、報告者は内心では「ちょっとうまくいったんじゃないかな」

と思っている尋問の調書を持ってきます。おもしろいものですね。

神山 そうそう。

高山 みんな、岡目八目で人の尋問の批判は卓越しています。メンバーが報告者に「この質問はおかしいではないか」というように意見を言うわけです。そうすると、報告者は「半分ぐらいは良かった」と思って尋問調書を持ってきたのに、研究会が終わる頃には完膚なきまでに叩きのめされて、「駄目だった」ということになってしまう。他人の尋問を批判的に検討することを通して自身の尋問技術を磨く。こんな大変な研究会がよく続いたものだと思います。

神山 今、記録を見てみると、1990年に始めて1998年まで、46回の研究会を続けました。

　この研究会は、実際の事件の尋問を題材にした点が画期的でした。実際の事件の尋問をほかの人が評価するという研究会は、過去に例がなかったと思います。

　まず尋問調書を見て、「この１問目の質問はどういう意味だろう」、「これはどうして聞いているの」というように尋ねていきます。報告者が「何となく」などと言えば、みんなから厳しい意見を言われます。

高山 「何となく聞く」質問はありません。目的意識をもった上で、「裁判官が今どのように見ているか」という発想をもちながら聞いているかどうかがポイントになりますね。

　「裁判官は、今どのあたりに関心をもっているのだろうか」、「裁判官に理解されるような質問になっているだろうか」ということを、自分に問いながら尋問をしていく。研究会で質問の目的を尋ねたのは、そういうことでした。

神山 普通に弁護士をしていると、何となく尋問していることが多い。反対尋問の大体のイメージはあるけれども、一問一問にまで神経が行き届いていないことが多々あります。

　私は、反対尋問研究会で教わった経験があったからこそ、裁判員裁判時代になって、いわゆる実演型の研修にも違和感なく取り組むことができています。

高山 神山さんと反対尋問研究会を始めた頃に、「私が弁護士になりたいと思った理由として、反対尋問をきちんとやってみたいという理由が結構大きかっ

た」という話をしたら、神山さんも同じだと言っていたことを、今思い出しました。

　私は、真実を解明する妙味な世界に裁判官をいざないたいと思っています。裁判と裁判官に対する性善説と言われるかもしれませんが、多くの裁判官は、裁判官としての仕事に充実感をもちたいと思っているはずです。裁判官に、事実認定という判断の世界にはこういう面白さがあるということを知らせたい、別の角度からの見方を示したいという思いがいつもあります。反対尋問は、正にその空間に足を踏み入れる機会だと思います。

　私たちがこの問題意識を失ってしまうと、裁判官からそのような感覚を奪ってしまう恐れがあります。その意味で弁護士の責任は重いのではないかと思います。

12.　若い弁護士へのメッセージ

高山　私たちは技術を向上させたい。技術を向上させるために切磋琢磨し、仲間同士でとことん議論したい。それは絶対に大事なことです。

　しかし、少し話がそれるかもしれませんが、新しい裁判制度である裁判員裁判が、技量のある弁護士でなければ対応できないものになってしまったとしたら、制度のほうに問題があると思います。普通の検察官が一般的な検察活動の中で刑事裁判を担ってきたのと同じように、普通の弁護士が普通の弁護活動でできることを前提にして被疑者・被告人の権利を守るのでなければならないと。私は、国家権力と対峙する場面で物を言うときには、優れた弁護技量をもっていることを前提とする議論というか、弁護人にそのことを要求する議論には納得し難いところが少しあります。

　だけど、元に戻って同業者たる仲間の中では「技を磨こう」と言いたいのです。

神山　そうですね。

高山　私は、無罪判決を二十何件か取っていますが、今は、一人の弁護士でそんなことはできなくなってきていると思います。私に技量があったから無罪判

決を取れたのではなく、時代がそれを可能にしたのですね。制度の問題は今日のテーマではありませんが、今日はこういう機会を与えてもらったので、少しだけ話させていただきました。

　その上で、仲間には技量を磨いて貰い、本当の意味で刑事弁護に充実感をもって当たれるようになってほしいと思います。

神山　高山先生を安心させるわけではありませんが、特に50期代後半から60期代ぐらいの中堅や若手を中心に、「技量を磨く」という機運が生まれているように思っています。

　高山先生は、1984年12月の「東弁司法問題ニュース」に次のように書かれました。「刑事弁護は、科学に裏づけられた、しかも生きとし生ける人間に密着しつつ実践する、そして切れば血の出るような精神の緊張と充実を伴う、弁護人の全人格をかけた極限の闘いである」。当時、私はこの言葉を暗記していました。「切れば血の出る」は、村木一郎君（さいたま弁護士会）と私の合言葉でした。

　先生、今日はありがとうございました。

（了）

2　他流試合で弁護活動の幅が広がる

オウム真理教幹部事件での弁護団活動から学んだこと

【対談】山内久光 VS 神山啓史

やまうち・ひさみつ

かみやま・ひろし

◎プロフィール

山内久光（やまうち・ひさみつ）　1964年東京都生まれ。中央大学法学部卒。司法研修所第45期修了。弁護士（第二東京弁護士会）。刑事弁護委員会、法律相談センター運営委員会、住宅紛争審査会運営委員会、綱紀委員会、裁判員裁判実施推進センター各委員等歴任。主な著作に、「弁護人立証の留意点－組織的弁護活動」（季刊刑事弁護 7 号〔1996年〕）、「知っておきたい主要判決」（パテント2000年 5 月号）、「ゴルフ場と清算型倒産手続」（銀行法務21〔2002年10月増刊号〕）、『Q & A刑事弁護の理論と実践──実務における基本的思想』（日本加除出版、2012年）、「遺産分割審判に関する『平成28年12月19日付け最高裁大法廷決定』についての一考察──払戻に応じた金融機関の保護について」（判例時報社第1回判例時報賞奨励賞受賞、判例時報2336号）などがある。

1．弁護団に入った経緯

神山　オウム真理教のＩ君の第一審と控訴審の弁護活動について振り返り、苦労した点を紹介しながら、今後、若い人たちが弁護団事件を組んだときに、どういうことを注意したらいいのかなどについて、話ができればと思います。

　まず、山内君は、どんな経緯で弁護団に入ったのでしょうか。

山内　それを語る前に、神山先生と私の縁から話したら分かりやすいと思うんですよ。私が実務修習の2年目でした。東京で勉強会があって。神山先生という、珍しい刑事専門の弁護士がいるという話を聞きました。私は刑事弁護に興

味をもっていまして、横浜修習だったのですが、その勉強会に行ったんですね。それで、終わってから食事をして、私たちからごちそうされても何とも思わないっていう、その辺の感覚から驚いてしまった。「普通は先輩がお金を出すんじゃないの？」と思ってましたから。むしろ私たちが神山先生の分までお金を出してですね。

神山　いやいや（笑）。

山内　それから、私が弁護士になってから、反対尋問研究会（詳しくは、高山対談104頁）というのが都民総合法律事務所で行われていて、そこに出るようになったんです。

神山　高山俊吉先生との研究会ですね。

山内　修習生のときにも少し出ていたんですけど、弁護士になってからもその研究会に出ていて、当時、国選で否認事件も結構やっていましたので、それを、研究会の題材として持っていって批評してもらうことが何回かありました。そういう中で、神山先生は、東京地裁の地下でいつも食事をしていますから、そこでつかまえては分からないことを聞いたりとかして、親しくさせていただくようになりました。

　そして、オウム真理教の幹部が逮捕される頃に、東京三弁護士会では会員に一斉に「オウム真理教幹部の国選弁護を引き受けられますか」というアンケートが送られてきました。

神山　そうだった。

山内　私は当時、勤務弁護士だったので、即答で「お断りします」というファクスを返したんですね。「勤務弁護士ではできないだろう」と思っていたのです。

　ところが、I君が起訴された後に、神山先生と幣原先生から、刑事弁護委員会でも一緒で親しかったので、「5人目の弁護人を」という話をいただいたんです。私から「ボスに話を通してほしい」とお願いをしたら、幣原先生がボスに話を通してくれました。当時、私の事務所にはボスが2人いたのですが、2人から「やりたいか」と言われて、「やりたいです」と言ったら、「じゃあ、やりなさい」と快諾をしてくれました。

　刑事弁護に興味がある若手弁護士として、大変な事件に関わってみたいとい

う興味があって。それで、1996（平成 8）年 3 月に国選弁護人に選任されました。

　この事件の後、事務所の事件でも、大きな刑事事件が 2 件あり、それは、いずれも自分が主任でやらせてもらい、結果としてはオウム真理教の事件での経験を通じて事務所にも貢献ができたと思います。

神山　I 君の弁護団の成り立ちを言えば、幣原先生が本当によくやってくれましたよね。私が選任されて、「取りあえずあと一人」ということで幣原先生に頼んだら、引き受けてくれて、それで「じゃあ、俺が弁護団をつくるよ」と言ってくれて。幣原先生は顔が広いしね。

山内　そうですね。

神山　幣原先生人たらしだからね。そういうことで、ちょうど山崎恵さん、そしてあと阿部裕行さんを誘ってくれて 5 人になった。

　さっき古い話をしてもらいましたけど、確かに私は、修習生に頼まれていろんな勉強会をやっていましたけど、だいたい終わったら食べさせてもらっていました。いや、もうじくじたる思いはありますけどね。

　あと、高山俊吉先生とやっていた反対尋問研究会に、当時、若い人が来てくれていました。今は検察官として活躍している人もいましたね。

　それで、ざっくばらんに弁護団の雰囲気はどうでした？　どちらかというと、この 5 人は、山内くんは年下とはいえ、ある意味、横並びの弁護団でしたね。

山内　上の 4 人はそうですけど、私にとってはいずれも大先輩なので、とにかく付いていくというだけでしたね。

2．記憶に残る弁護活動

神山　さて、弁護活動の中身に入っていきます。一番記憶に残っている活動はどんなものですか。

山内　いくつかあるんですが、今でも鮮明に残っている場面の一つは、弁護人に選任されることになり、神山先生と一緒に大崎署に接見に行ったときのことです。

そのときのＩ君の印象が、テレビなどで報道されているのとは全然違い、すごく真っすぐな青年というか、少年というか、そういう印象を受けました。そこで、本当に純粋な自分の気持ちとして、彼を死のふちから救い出したいと思いました。

　そのあとすぐに、山梨県の上九一色村にあったサティアンに弁護団のみんなで行きました。

神山　行ったね。

山内　あのときは、私なんかは好奇心があったんですが、周りからは結構真剣に心配されたりしましたが、警察もいたし、さすがに心配ないだろうと思いました。

　それで実際にサティアンに行ってみて、非常にショッキングというか、びっくりした。やっぱり、現場を見ていろいろ分かることがあるという印象でしたね。

神山　今から思えば、やっぱり５人いたしね。５人いたから、言葉はちょっと悪いですが、旅行気分で「サティアンを見に行こう」と話ができた。

　やっぱり行って良かったよね。

山内　そうですね。

神山　実際に見に行って、それが第一審での検証請求にもつながった。サティアンの検証をしてくれた裁判体は、そんなにないのだけども、まず、われわれの事件でやってくれました。行ってみてすごかったよね。

山内　まさに、今生きているわれわれの社会では想像できないような世界が、あそこにあったということですね。

神山　やっぱり、現場の大事さというのをひしひしと感じました。そのあと、起訴された事件は10件ありましたが、私は車を運転できないので、山内君に車を運転してもらって、それぞれの現場を全部見に行ったね。どこそこアジト、どこそこアジト、どこそこアジトって。

山内　丸１日かけてね。あと、弁護団合宿というのが本当に何回もありました。

神山　やった。

山内　そのたびに、本当にいろんな事件の話や議論を聞くことができて、自分

は経験が浅かったということもあって、先輩方のいろんな話を聞くことができてよかったです。どの先輩も筋金入りの弁護士という感じで、権力とか、裁判所とか、検察官を全く恐れていないような人たちでしたね。

オウム真理教のビデオは、やっぱり「一人で見るのは怖いから」と言って、合宿で見ました。「ほふられた子羊」というビデオです。

神山 私なんか、もちろん弁護人だったから、ゆがみはしませんけども、あれは、ある意味、やっぱり引き込まれると思ったね。実にうまく作られていて、オウム真理教が権力から弾劾を受けている、一宗教団体が国家権力から弾劾を受けている、見ているとそういうふうに思うよね。

山内 そうそう。だから、私なんか、本当に一人で見たら、世代も近いし、結構洗脳されていたのではないかと思うぐらい、すごいビデオでした。

3．接見での苦労

神山 山内君はI君と世代が近かったので、だからこそ苦労することもあったようにも思うけど、それはどうだった？

山内 私とI君の年齢が10歳も離れていなかったものですから、私も結構共感するし、I君は、私に対しては結構何でもお願いをしてくるところがありました。それで、私が１人で接見してI君の話を持ち帰って弁護団会議にかけると、残りの４人から「何でそんな話を持ち帰ってくるんだ」と怒られて。それで、途中から「山内は１人で接見行かせるのはやめよう」と言われて。私が接見行くときは、神山先生とか、幣原先生とか、山崎先生とかと２人で行くという時期が、しばらくあった。

そのときに、私は神山先生から、接見をすることの意義、必要性というか、何を目指すかという話を聞かせていただいたりしました。

神山 そんなの言ったかな。

山内 「接見で必要な情報を得るのは一番大事なことだけれども、捨てる接見もある」と言われたんですね。「それはもう、とにかく被告人の話をただ聞いて、その時間を一緒に過ごす。その接見で、弁護人として何か１つの情報を収集し

てくるとか、そういうことは必ずしもできなくてもいいんだ。そういう捨てる接見もある」と言われたんです。

神山 そうか。そんなこと言ってたか。

山内 被告人を説得するか説得しないかということについても、いろいろな神山先生の考え方をお聞きしました。「やっぱり、プロフェッショナルとして自分で意見を言わないといけない」と。私が、「彼は死刑を求刑される。だから、なるべくなら彼の言っていることを聞いてあげたほうがいいんじゃないか」と言うと、「それがプロとしての判断であれば、それもいい。だけれども、プロの判断というのは、さらにそれに加えて自分の判断をワンクッションおいて、それをどうすべきかを考えなければいけない」ということを相当言われました。

「だから、ただ言われたとおりに聞いて帰ってくるのでは駄目だ。そこで、やっぱり、自分の意見もちゃんと加えて、どうするかをきちんとやりとりして帰ってこい」と、そういうことをだいぶ言われました。

神山 ほんとにそんなことを言った？

山内 帰りの電車の中で言っていました。

私は、彼が置かれた立場を考えると、何とかしたいし、聞いてやりたいとどうしても思ってしまうものですから、ついつい弁護人としてというよりも、話をただ聞いて弁護団会議に持ち帰ってしまったりしていました。

神山 いや、今聞くと、そんな偉そうに恥ずかしいことを言ったのかと思います。確かに今でも私自身が、山内君に言っていたことが実際にできているかどうかと悩みます。要するに、プロフェッショナルとしての接し方をしなければいけないわけで、単に甘えさせるだけでは駄目だし、かといって絶望させてもいけない。その辺のところは、なかなか難しいけれども、やらなければいけない。

山内 そうですね。

神山 ただ、当時思ったのは、Ｉ君とは年齢が15歳離れているというのもあって、話がしやすいということもあったけど、それよりも何よりも、一番初めの接見から第１回公判が始まるまで１年間、ほぼ２日に１回接見していましたから、すごい回数を会っているわけです。会って、気分的には、お互いに人と

しての信頼関係はあるだろうという、どこかそういう自信もあったので、言うべきことは言えていたような気がします。

　その中でも、私は、われわれが心理鑑定の請求に踏み切ったときに、Ｉ君が、「嫌だ。鑑定など受けたくない」と言ったときは、つらかったね。死刑から救うためにも、あれは絶対に必要だと思ってやったんですが、今でも言葉を覚えていますけど、本人が「心の中なんか見られたくない」と言っていました。

山内　神山先生は確か、「説得してくる」ということをおっしゃっていたと思います。

神山　それで、説得できなかったんだよな。だから、最後はどんな手段に出たかというと、「そんなこと言うなら、しばらく接見に来ない」とか言って、私がしばらく接見拒否したんです。最終的には、鑑定に応じてくれました。

4．弁護側立証方針の検討

山内　あの情状鑑定ですが、これは一審判決にとっては、すごく重要な意味がありました。私は、その点で１つ記憶として鮮明にあるのは、弁護側立証をどうするかをかなり議論したことです。あのときだけは、合宿といっても地方には行かないで、阿部先生の事務所に毎日、朝から夜まで行き、そこで徹底的に議論しました。その当時、オウム真理教関係者のほかの弁護団は、みんないろ

いろな主張をしては、なかなか苦戦をしていました。たとえば、内乱罪類似説という、「内乱罪と同じだから、死刑になるのは首魁（しゅかい）だけだ」という主張をしている弁護団や、徹底的にマインドコントロールを主張している弁護団がありました。

　その中で、「Ｉ君が、ほかの弁護団の前例にとらわれないように、独自の主張を」という話をしている中で、私の意見を採用してもらったんですが、「本件は、原因において少年犯罪である」という理屈です。要するに、「本件の実態は少年犯罪だ。要するに、彼は、唯一未成年のときにオウムに出家してしまって、社会的な目を養わないまま成人して、成長が止まってしまった。だから、少年時代の判断能力のまま成人になった。見かけは成人だけど、少年だ。それは、原因において少年犯罪だ」という主張です。それでいこうという話になった。弁護人は、「原因において少年犯罪である」という冒頭陳述をやったんですね。鑑定人の社会心理学者の西田公昭先生も「彼は少年のようだ」、「もうほんと子どものようだ」、「少年のようだ」と証言しました。それで、一審判決では、そういうことにも触れられて、死刑が回避されて無期懲役判決につながったと思っています。

神山　つながったね。当時、こういう事件だと責任能力を争うという発想になっていて、私なんかも、当初は、そういう頭だった。

　しかし、当時、当初の一審の裁判長であった植村立郎さんから、「責任能力を争うと言われても、裁判所は乗らない。ただ、本人がどういう人間かが量刑に影響を与えるという鑑定であれば、それは考えないでもない」と言われたのが参考になりました。今は、そういう考え方がありますね。責任能力があるかないかよりも、どういう精神的な問題があって、それが当該犯行にどう影響を与えたか、それによって量刑には影響するんだという考えです。

山内　そうですね。

神山　私は、この事件でそれを先取りできたと思っています。

　ただ、鑑定の結果が出てどうでしたか。私は、かなりショックだったね。要するに、鑑定人から、「Ｉ君のマインドコントロールは解けていません」と言われてさ。つまり、「麻原彰晃さんを大将とするマインドコントロールは解けた。

でも、彼はいわゆるチベット密教に頼りきっている」と。

山内 そうでしたね。

神山 「だから、チベット密教に頼りきっている彼では、亡くなった人のご遺族の本当の気持ちには、なかなか理解が届かないでしょう」と。こう言われたときには、「ああ、そういうものか」と。なかなかつらかったよね。

5．第一審の公判弁護活動

神山 第一審の第１回公判での冒頭手続で、弁護人は公訴事実を全て争いました。それぞれの公訴事実について、殺意がないとか、幇助犯にすぎないとか、そういう主張をした。そして、全ての公訴事実について期待可能性がないと主張した。

山内 Ｉ君の弁護方針は、ある程度立てやすかったと思います。強制されてやったにせよ、マインドコントロールの影響でやったにせよ、本人が心の底から自発的にやったわけではないと言えるだろうから、それを法律的にどう構成するかについては、さまざまな主張が可能だと思っていました。

神山 そうだね。

山内 ただし、オウム真理教の事件をやるということ自体が、やっぱり、みんなそれなりに結構いろいろ悩みがあったみたいですね。だから、例えば、法廷撮影の際、映らないようにするとか。

神山 当時、映らなかったね。

山内 ＳＰを付けるという話までありましたけど、「それは面倒だからお断りします」とかね。私も、両親に「実は」と話しに行ったら驚かれて、「いや、それでもやるんだ」と話しました。

神山 私は、受任したときに、親には言わなかったね。おふくろが何か虫の知らせがあったのか、夜、電話がかかってきたんだよね。それで、「啓史、おまえ、まさかやってないよな」と言われて、「いや、やっているよ」と言ったら、絶句していましたね。あと、阿部さんだっけ、家族に言っていない人もいた。

山内 「言えないからテレビにも映れない」と言っていました。

神山 山内君が言ったように、争うべきところは争わなければいけないということについて、5人の意見は一致していましたね。

山内 そうですね。そこに抵抗はなかったですね。

神山 今も思い出しますが、遺族の供述調書のうち「死刑を求める」と書いてある部分は同意できないと意見を述べました。このことについては裁判長とかなりやり合いましたが、私たちは「弁護人が『死刑』と書いてある調書に同意できるわけないでしょう」と言ったけれども、裁判長からは、「不同意にされたって何が書いてあるか分かっているんだから」と言われた。それでも、結局は遺族の証人尋問をすることになりました。結果的に、私は、遺族の話を直接聞くことの意味は、かなりあったように思うんですね。

山内 裁判所に聞かせるだけではなく、判決でも引用されていますが、遺族の話を直接聞いたことによって、Ⅰ君が変わっていくんですね。結果論かもしれませんが、あれは非常に意味があったと思います。

神山 まさに遺族の話をⅠ君が聞くことによって、彼を成長させていくことになった。

山内 そうですね。

神山 それから、私は、遺族にはいろんな思いがあって、「死刑」と言っていても、気持ちはそんなに単純ではない。「絶対にこの人の命を奪ってほしい」と言う方もいれば、「いや、そこまで思わないけれども、無期懲役では家族は納得しないんだ」というような苦しい思いをにじませる方もいました。

山内 そうでしたね。

神山 その意味でも、公判で直接話を聞くのは、決して悪いことではないと思いましたね。

　ところで、逮捕監禁致死の公訴事実について、一審は、「逮捕監禁致死」ではなく「逮捕監禁」の成立にとどめました。弁論で、「逮捕監禁は成立するけども、致死は成立しない」と主張した。今でも覚えているけど、山内くんにここを担当してもらったね。

山内 この点は、最高裁の判例とか、いろいろと調べて読み込みました。あのような事件で因果関係を徹底的に争うことは、多分、それ以前になかったので

はないかと思います。当初、私は頭でっかちに物を考えていました。車で人をひいてしまって車の上にその人を乗せたという事案で因果関係が否定された判例から考えていったらどうだろうかとか考えましたが、それは自分の見方がちょっと狭かった。今でも覚えているのですが、山崎先生とかから結構ずばっと「説明の仕方が非常に硬すぎる」とか言われた。それで、あの部分の弁論は神山先生から徹底的に直された記憶があります。

　今は、刑法の世界では因果関係の議論が非常に発達していて、どのような介在事情によって因果関係を認めるか認めないかについては、その後も判例が多く出ていますね。

神山　結局、この逮捕監禁致死の成否については、一審ではわれわれの主張が認められたことになります。ところが、一審の判決が逮捕監禁致死の成立を認めなかった理由を詳しく説明したら、控訴審で検察官がそこについて追及してきてね。

山内　そうでしたね。

6. 第一審での証人尋問準備

山内　話は少し戻りますが、私にとっては、証人尋問はやっぱり結構しんどかったです。尋問事項については神山先生から結構直されたりしました。

神山　そうでしたか。

山内　私の準備がぎりぎりになってしまって、当日、準備した尋問事項でやろうとしたら、主尋問の間に添削されてしまって、反対尋問事項を全然変えられてしまったんですよ。

神山　覚えていないな。

山内　あそこまで駄目出しされたときは、きつかったですね。頭の中が混乱して真っ白になってしまって、反対尋問がうまくできなくなりました。

神山　当時、偉そうにやっていたんですね。私は、それ以前に高山俊吉さんや石田省三郎さんと事件をやっていて、反対尋問について、今も研修で言われているように、「聞くべきものを聞けばいいのであって、だーっと聞く必要は全

くない」という教えをずっと受けていました。だから、「この人に対する反対尋問では、これを聞けばいいのであって、これは要らないだろう」ということで、だいぶ削った記憶はありました。折角出してきてもらったものに、「これ要らない、これ要らない」とか言って、切った記憶があります。

山内 「×」をされてしまいましてね。あとでやり直しはできないので、当時は、総花的に「反対尋問の機会に聞いておかなきゃ」と思っていました。

神山 なるほど。

山内 総花的に聞こうとするんですが、当時、私の尋問は、あらかじめ用意したメモに従って平板に聞くことしか、どうしてもできなかったんですね。

　ところが、神山先生が尋問をやられると、ネクストクエスチョン、ネクスト、ネクストクエスチョンと、どんどんどんどん深く入っていく感じがありました。証人が発する答えを受けての次の質問がされていて、あれは、多分、アドリブ的なものも多いと思うんですが、その場で、そこを切り込んでいくというような感じがありました。

神山 アドリブは無理なんだよね。私は、さっき言った2人の先輩から、「ネクストクエスチョンが用意できているなら聞いてもいい」と、こう言われたんだよね。「ないのに聞いて、言われっ放しで終わったらどうするんだ」と。

山内 そうですね。

神山 だから、一応、ネクストクエスチョンが用意できていれば追及するけれども、それがなければ一切追及しない。だから、必然的に尋問が短くなっていくんです。

山内 なるほど。

神山 そうか。尋問で、そんなふうに添削していたか。そういうことをしたほうはよく覚えていないけど、やられたほうはよく覚えているというのは、弁護団の宿命なのかね。

山内 証人予定者には事前に会いにも行きましたね。

神山 行った行った。

山内 東京拘置所で一般接見で事前に会った。私の場合、教団の人であった2人と会いました。麻原さんだけは会ってくれなくて。

神山 そうなんだ。麻原さんだけ会ってくれなかった。でも、ほかの人はみんな拒否しなくて、基本的には会えたんだよね。

あと、遺族が被害者の生前の写真をどうしても証拠として出したいということで、このことで私は検察官とけんかしました。初めは、アルバムみたいに、誕生、七五三、小学校入学、というように写真を出したいと要望してきました。こっちは、反対して、裁判所が間に入ってすったもんだした結果、結局、亡くなる直前の写真だけが採用されました。

7. 第一審の最終弁論準備と第一審判決

山内 当時、私は事務所の勤務弁護士でしたが、この事件にかなりの時間を割かせてくれたなと思います。ただ、事務所の仕事も忙しかったので、終盤は時間のやりくりが結構大変でした。終盤は、早朝6時に事務所に来て、9時までI君の事件をやり、9時からは事務所の仕事をするという生活でした。

神山 偉い。

山内 特に最終弁論の準備が始まった辺りからですかね。最終弁論をやったのは、確か2000年の1月だったと思うんですけど。だから、1999年の秋口ぐらいからずっと、そういう状況でした。若いからできたと思います。

神山 弁論は5人が手分けをしました。弁護団でよくやるように、自分の書いたパートは自分で読むというやり方をしました。それで、私は量刑のパートを全部引き受けたんだけど、弁論は自分で順に書きためながら、8月の夏休みから始めていましたね。

さて、結果的に一審判決は無期懲役になりましたが、聞いたときはどうでしたか。

山内 いや、正直、良かったと思いましたね。

神山 ジェットコースターみたいな判決でしたよね。「こうも言えるけれども、こうも言える、そしてこうで」というね。最後までなかなか結論が分からないのですが、「死刑にするにはちゅうちょを覚える」と、こう言ってもらったときは、本当に良かったなと思ったね。

山内 なかなか聞かせる判決だったと思うんです。特に最後の量刑の理由の所は。

神山 そうだね。

山内 裁判体も苦労に苦労を重ねて、死刑というまでの一歩は踏み出せないという判断だったと思うんです。

神山 検察官がI君を「現場指揮者」と言ったことは否定してくれました。そのように事実認定で勝っている部分もあったし、判決のあと、非常にうれしかった。ところが、直ちに控訴されましたね。

山内 そうですね。

神山 控訴趣意書では、「検察官上訴は違憲だ」という主張もしたけれども、結局、控訴審判決で引っ繰り返るわけです。引っ繰り返ったときは、やっぱり悔しかったな。

山内 控訴審判決は、何となく一審のような何か伝わってくるものがなくて、すごく平板に聞こえてきて、何かもうなんともいいようがない気分になりました。

神山 控訴審判決は、結論は一審判決と変わっているんだけど、途中までは、こっちの主張を認めているんだ。

山内 そうですね。例えば、I君が現場指揮者であったことを否定しています。

神山 しかも、「再犯の恐れ」については、「再犯の恐れは一切ない」と、ちゃんと書いてくれているわけです。にもかかわらず、最後の数行で、「結果の重大さから死刑だ」と言われた。あれは、一審判決があそこまで考え抜いてくれたものに対する全否定とも受け取れます。

山内 そうなんです。一審判決が死刑にまで行かなかった一番の理由は、多分、狭義の実行行為がなかったことだと思うんです。そこが、ある意味、一番、われわれが弁護している中でも、唯一の救いというか、希望という感じだった。そこは、弁護側としてもこだわって主張していました。一審判決も、そこは最後の最後まで、犯罪集団みたいな所にいながら、最後の最後の一線は越えなかったというところに彼の人間性というか、そういうものを評価してくれたというところがあって、ああいう判断をされたのに、控訴審では、そう判断されな

かったのは、残念でしたね。

神山 今から思うと、弁護側も控訴しておくべきだったかな、双方控訴の事件にしておくべきだったのかなという思いは、やっぱり、どこかに残っているんですね。

山内 なるほどね。ただ、I君は確か、「控訴はしないでくれ」という意向だったと思うんです。

神山 そうです。でも、弁護のプロフェッショナルの考えなら、検事が控訴したら、弁護としては、「無期でも重いんだ」ということを伝えていくために、双方控訴のかたちを取っておいたほうがよかったという気が、今はしているんですけどね。難しい。この辺になると、本当に難しいです。

８．検察官や裁判官とのコミュニケーション

神山 さて、振り返るといろいろありますが、山内君が弁護団に参加して一番勉強になったことは、どんなことですか。

山内 それはもう、本当にいろいろありますね。まず、私が事務所以外の弁護士と一緒に仕事をしたのは、実質的には、この事件が初めてでした。それまでは事務所のボスのやり方を基本的には自分のやり方にしてきたところがありましたが、「そのやり方は唯一のものではない。こういうやり方もある。こういう考え方もある」と知りました。私以外の４人の先生方は、やり方や考え方がそれぞれに違っていましたので、弁護士としてのいろいろな技術的な部分において、横に幅が広がったと思います。

神山 なるほどね。

山内 特に私が印象に残っているのは、神山先生から、「検察官や裁判官とのコミュニケーションは、こうやって取っていくんだ」と考えさせられたことです。検察官や裁判官とは、単なる敵同士とかいう発想ではなくて、手続を円滑に進めていくために、いろいろな場面で十分にコミュニケーションを取っていかなければならないわけです。神山先生はそれが非常にうまくて、円滑になさるので、どうしたらそういうふうに自分もできるのかなと思いました。この弁

護団で、そこはすごく勉強になったところです。

神山 そう言ってもらえてうれしいです。高山さんや石田さんから教わったおかげで、検察官や裁判官に遠慮なく会いに行くという癖がついていたんです。公判中も検察官には何度も何度も会いに行って、ざっくばらんに話をしたし、裁判体にもしょっちゅう会いに行っていた。

　当時は、公判前整理手続ではなく進行協議でしたけれども、進行協議の場でも、こちらから、「今回は、こういうことを議論したほうがいいんじゃないでしょうか」とか言っていましたからね。

山内 そうでしたね。

神山 みんなちょっと、裁判官や検察官に対して遠慮があると思うんだね。

　もちろん、向こうも忙しいけれども、やっぱり、こちらから出向いて会いに行けば、そんなに拒絶した態度は取らない。ぜひ、若い人たちは、そういうことをもっとやってくれればいいと思いますね。

山内 当時は、そういうことをすること自体が、どちらかというと珍しかった感じがしますね。

神山 裁判官・検察官・弁護人が、要するに、自分たちの硬い頭で凝り固まって敵対関係になっていたら、決して被告人にとっていい裁判にならないと思うんです。もちろん、立場が違うから議論もするし、絶対に屈しない。ただ、人間としての信頼関係はないと、被告人にとって本当にいい裁判にはならないだろうと、そう思っています。だから、「立場が違うけれども、変なことはしませんよ」という信頼は当然あるべきだと思います。

　テレビドラマであるように、最後、終わったら握手し合うというイメージではありませんが、お互いに信頼関係がない中で角を突き合わせるのでは、裁判は決していいものにならないと思うんです。

　みんな、「神山さん、そうは言うものの、どうしてそんなにこちらが下手に出るんですか」と言いますが、そこは別にいいじゃないかと思います。こちらが出向いていけば、向こうは会わざるを得ないわけです。こちらが出向いていって、「受付まで来ています」、あるいは、「部の書記官室まで来ています」と言うことによって、その場での主導権を取れるわけです。

山内 「検察官が弁護人に会いに来るべきではないか」みたいなことを言う人も確かにいるんです。ただ、そこは、問題の本質ではないと思うんですね。

神山 そうそう。検察官がもし会いに来たら、検察官に主導権を取られてしまうじゃない？　来られてしまっているわけだからさ。こちらが行けば主導権を取れるんだからさ。それで、「先生、わざわざ」と言って、向こうが恐縮するものです。

山内 私は、神山先生からそのようなことを学んで以来、自分がほかにやっている事件でも、基本的には、そういうスタイルでやっています。単に「書証に同意する」と電話一本するだけではなく、書証のコピーを持っていって、「同意をするけれども、次回の公判は、こうしたい、ああしたい」といろんな希望も言ってきたりね。

神山 絶対に、それはいいことだと思うんだよね。

山内 われわれは、検察官に決しておもねったり結託しようとしているのではなく、被告人の利益を擁護する立場として、敵陣で話をしてくるのは重要ではないかと思います。修習生にもそのような話をすることがあります。

9．若い弁護士へのメッセージ

神山 山内君も下を育てる世代です。若い弁護士が弁護団に入って弁護団事件をやるにあたって、アドバイスがあればお願いします。

山内 みんな年配の弁護士だと、どうしても受け身になりがちだと思うんです。しかし、私は、Ｉ君の弁護団で、そういう感じではありませんでした。先輩たちに「何言ってるの？」と言われそうなことでも、結構自由にしゃべらせてもらって、自分が思っていること、考えていることを、結構言えたと思うんです。それを言うためには、それなりに記録をよく検討していなければなりません。

神山 そうです。記録の読み込みは重要です。

山内 私は、意見を言ってもあまり採用された記憶はないんですが、「『原因において少年犯罪』という主張はどうか」という意見は採用されました。

　ただ、大事件ということもあって、記録をそこまで読み込めていなかったと

いうのが、今、大きな反省です。神山先生は、いつも記録を徹底的に読み込んでいますから、その議論に付いていけなかったことも多かったと思うんです。それは反省点です。だから、若い人がこれから積極的に弁護団事件に参加される場合、記録を読んで、その上で、物おじせずに積極的に意見を言うことをこころがけていただければいいですね。若い世代だからこそ気が付く視点などが一杯ありますからね。

神山 そうそう、若いからこそできる発想もあります。

山内 司法研修所を出たばっかりだからこそ気が付くこともあると思うので、そういうことはどんどん言っていくということではないですか。

神山 今、記録のことを言ってもらって、私も非常にうれしかったです。私も、弁護団に入ったときに一番気を付けたのは、「少なくとも、俺は、この記録を全部読む」、あるいは「この記録に関しては、先輩よりも俺のほうが詳しいというぐらいになる」ということでした。そういう姿勢でいました。やっぱり、記録を読んでいないと、先輩に物を言っても、先輩から「でも、こういう証拠があるよ」と言われたときに、もう二の句が継げなくなってしまうんです。

山内 そうですね。

神山 私が恐れていたのは、私よりも先輩のほうが記録を読んでいて、「神山、何言ってるんだ」と、こう言われたら、弁護団の一員としての信頼を失ってしまうと、そう思っていました。だから記録を一所懸命読んで参加した覚えがあります。今、山内君が言ってくれたように、若い人に意見をどんどん言ってほしいので、その前提として記録をちゃんと読む。記録を読めば、自分の事件になるじゃないですか。

山内 そうですね。

神山 そのようにして弁護団に参加してもらえれば、ありがたい。Ｉ君の弁護団の５人は、ある意味、上下差があまりなかったですから、それこそ本当に活発でざっくばらんな議論ができましたね。

山内 言いたいことは全部言ったような気がします。

神山 いろいろなアイディアが出て、いろんな意見があって、結局、大きな方向性は、その都度、みんなが合意をして進めていったという記憶があります。

山内 あと、私は、起案の中身にかなり手を入れていただいた。弁論要旨なんかは、確かほとんど書き直させられるぐらい言われました。

神山 そうだったかな。

山内 ええ。私が一番最初に提出したら、神山先生が当時私が勤めていた事務所にまで来られました。それで、小さな会議室で2時間ぐらいかけて、「ここは、どういうつもりでこういうふうにしたの?」というように問われて、「こういうふうに考えました」と答えると、「だったら、こう書いたほうがいいんじゃない?」というように、だいぶやりました。その意味では、良かったと思います。

神山 それは、弁護団を組んだときの先輩が、本当は労を惜しまずにやらなければいけないことだと思います。私も、最近は反省しています。後輩が出した書面について、そこまできちんと指導しているかと不安があります。先輩は先輩の責任として、文章であればその論理まできちんと踏み込んだ助言や指導が必要です。

山内 私は、最近の若い弁護士と事件をあまり一緒できていないとは思いますが、事務所内の弁護士ではない、外の弁護士と一緒に事件をすることについて、私の当時のボスは、他流試合というか、「いい刺激になるからやってこい」というような感じでした。機会があったらどんどんやったらいいと思いますね。

　先輩方には、逆にそれを、いろいろなことを大目に見て、温かく迎え入れて優しく指導してもらいたいですね。

神山 ありがとうございました。

（了）

3　対等で自由に意見が述べられる環境を

東電女性社員殺人事件の弁護活動から学んだこと

【対談】神田安積 VS 神山啓史

かみやま・ひろし

かんだ・あさか

◎プロフィール

神田安積（かんだ・あさか）　　1963年静岡県生まれ。慶應義塾大学法学部卒業。司法研修所第45期修了。弁護士（第二東京弁護士会）。日本弁護士連合会人権救済調査室嘱託、第二東京弁護士会調査室長、明治学院大学法科大学院客員教授、早稲田大学法科大学院非常勤講師、第二東京弁護士会副会長、日本司法支援センター東京地方事務所副所長、日本司法支援センター常勤弁護士業務支援室室長、日本弁護士連合会事務次長、放送倫理検証委員会委員などを歴任。主な著作に、『はじめて読む憲法の判例』（共著・一橋出版、1998年）、「マスメディアによる報道被害　その原因と救済のあり方」（第二東京弁護士会「二弁フロンティア」2002年4＝5月号）、「刑事弁護の教育」（『実務体系・現代の刑事弁護』〔第一法規、2013年〕）、『刑事上告審における弁護活動』（共著、成文堂、2016年）「弁護活動の質の確保と弁護士会の責務」（『変動する社会と格闘する判例・

法の動き（渡辺咲子先生古稀記念）』〔信山社、2017年〕）などがある。

【公訴事実罪名】

強盗殺人

【事案の概要】

　1997年3月、東京都渋谷区のアパートの空室で、窒息死した女性の遺体が発見された。その後、捜査機関によってネパール人であるゴビンダ氏が犯人と疑われた。ゴビンダ氏は、まず不法残留の嫌疑で逮捕され、同罪について執行猶予付きの有罪判決を受けた当日に、強盗殺人の嫌疑で逮捕されて、後に起訴された。ゴビンダ氏の犯人性について自白その他の直接証拠はなく、検察官は、アパートの便器内に残されていたコンドーム内の精液のＤＮＡ型がゴビンダ氏と一致することなどの間接事実を主張した。

【手続の経過】

2000年4月14日	第一審判決（無罪）
4月18日	検察官が、控訴申立てとともに、東京地裁に勾留状発付の職権発動要請（東京地裁は職権発動せず
4月19日	検察官が東京高裁に勾留状発付の職権発動要請（東京高裁は職権発動せず）
5月1日	検察官が東京高裁（係属部）に勾留状発付の職権発動要請
5月8日	東京高裁（係属部）が勾留状を発付
12月22日	控訴審判決（原判決破棄、無期懲役刑）
2003年10月20日	上告審決定（上告棄却）
2005年3月24日	再審請求
2012年6月7日	再審開始決定、刑の執行停止決定
11月7日	再審公判判決（検察官の控訴棄却）

【弁護団メンバー】

丸山輝久（25期）、石田省三郎（25期）、神山啓史（35期）、神田安積（45期）、佃克彦（45期）。

1．弁護団結成の契機

神山　東電女性社員殺人事件の弁護団の活動を振り返りながら、弁護団での活動が自分をどのように育て、そして、今後若い人たちが弁護団に参加したときにどんなことを学んでほしいかについて、話したいと思います。

　そもそも弁護団を組んだ契機は何でしたか。

神田　当初から弁護団が組まれたわけではありませんでした。ゴビンダさんがオーバーステイで逮捕されて、二弁の当番弁護士の委員会派遣で私に声がけがありました。私に声がけがあった理由は、その前日に私が委員会派遣の待機日だったのですが、私の待機は空振りでした。そして、ゴビンダさんの接見に派遣された別の弁護士が「接見に行ったが受任できない」と言い、あらためて委員会派遣がされることになった。そこで、前日の待機が空振りに終わっていた私に「行け」ということであったと理解しています。

神山　今のようなことは全く覚えていませんが、派遣された弁護士が接見に行ったが受任しないことが分かって、当時、委員長だった石田省三郎さんが「神山、行け」と。「え？　私1人ですか」と言ったら、「神田を連れていけ」と。こういうことでまとまったと思います。

神田　いや、それは順番が逆で、神山さんから私に、「行け」という話があって、「私は1人で行けない。神山さんがそう言うのであれば、神山さんに同行いただきたい」ということで、2人で行ったと理解しています。

神山　そうか。逆でしたか。

2．黙秘の助言

神山 どちらにしても2人で接見に行った。あのとき、われわれは黙秘をさせるために接見に行きましたが、黙秘の指導はどうでしたか。

神田 今振り返ると、とても自然に黙秘をさせる方針が固まったと記憶しています。その理由は幾つかあると思います。まず1つは、否認事件でしたが、弁解が必要な事件であることを初回接見の際に認識したことです。弁解をしなければならない否認事件こそ調書を取られることのリスクがあることを、神山さんとすぐに共有できたと思います。

　もう1つは、警視庁の本部事件であり、東京地検の本部係の事件だったことです。そうであれば、取調べで話そうが話すまいが、不起訴ということはあり得ないのではないか。そういうことも考えて、当初から、「黙秘をする」、「少なくとも供述調書に署名・押印はしない」、そういう方針が固まりました。

神山 そうですね。弁護方針はそんなに悩むことなく決まりました。僕自身、弁解をさせて、それを残すことの怖さをほかの事件での経験からよく分かっていたし、神田さんに話をしたら、「そうですね」ということで、一切しゃべらないことにしたのはよく覚えています。でも、神田さんはほとんど毎日接見に行ったでしょう。

神田 毎日行きました。「黙秘する」という判断をしましたが、当然、依頼者の理解をきちんと得ることが必要不可欠でした。そこで、黙秘をすることについて本人に丁寧に説明をしました。それに対してゴビンダさんは、「ヒューマンライツですね」という確認を私たちに求めました。われわれが説明したときに、「それが人権だ」ということを的確に理解し、素直に黙秘することに同意してくれました。

　本人にすれば、やっていないから当然弁解をしたい。そういう思いはきっとあったと思います。しかし、私たちが、弁解のリスク、つまり、記憶がはっきりせず、また、証拠を見ていないうちに弁解することのリスク、そういったものを説明して、最終的に理解いただいたということは、とても重要なプロセスだったと思います。

神山 僕も、あの事件をやって思いましたね。外国人の方は、「ヒューマンライツ」と言えばすぐに分かるんだね。日本人に黙秘を助言すると、「何で？

むしろ弁解したほうがいいんじゃないですか?」とよく言われます。その違いはよく分かりました。

　それで何とか黙秘で頑張ったけれども、結局起訴されました。まずオーバーステイで起訴されて、オーバーステイの起訴後勾留が続き、オーバーステイで執行猶予付き判決が言い渡された時点で強盗殺人で再逮捕されました。強盗殺人で再逮捕されてからは、警視庁本庁の留置でずっと、黙秘のための接見を続けました。

3．接見をめぐる攻防

神田　当時、接見妨害がありましたね。

神山　すごいあったな。

神田　「取調べ中だ」ということで、会いに行っても会わせてくれない。また、接見時間を指定されて、しかもその時間が15分。通訳が入る事件ですので、15分だと体調確認だけで終わってしまう。そして、15分を過ぎると外からガンガンと扉を叩かれて「もう終わりです」と言われて、こちらも時間を稼いで、15分を20分にし、30分にするけれども、それ以上は認められないという攻防がありました。

神山　今の若い弁護士はなかなかイメージできないと思いますが、当時は、捜査本部の殺人事件などでも接見指定があって、かなりやり合いましたね。
でも、強盗殺人で逮捕されて以降、ゴビンダさんは完璧に黙秘しました。ともかく、本人も腹が据わったということですか。

神田　完璧に黙秘できた要因は2つありました。ゴビンダさんは、黙秘することでオーバーステイだけで終わる期待をもっていたはずなので、黙秘したにもかかわらず再逮捕されたことはショックだったと思います。そうすると、いよいよ弁解をしたくなる気持ちも少なからずあったはずです。

　しかし、神山さんが言われたとおり、彼は、その後も黙秘を貫く。それがなぜできたのかは、当時は深く考えませんでしたが、やはり、毎日接見に行き、本人を励ます。その繰り返しによって彼の信頼を得ることができたのが大きな

理由だったと思います。

　もう1つ、通訳人の確保が非常に重要でした。ネパール語という少数言語でしたが、通訳人を弁護士会または弁護人の責任で探す必要がありました。弁護士会に紹介された人が非常に熱心な方で、われわれが日々接見に行く時間帯にきちんと調整してくれて、同行してくれました。そのことも、黙秘できたことの重要な要素だったと思います。

4．起訴後の弁護団の拡充

神山　起訴されるまで頑張って黙秘をして、結局、強盗殺人で起訴されて、いよいよ公判に突入することになりました。「人違い」、「犯人ではない」と主張して無罪を勝ち取らなければならない事件でした。それまで、35期の僕、45期の神田さん、神田さんと同期の佃克彦さんの3人で弁護活動をしていましたが、僕は、こうなると3人だけでは駄目だと思いました。そこで、僕の発案で、先輩である、ともに25期の石田省三郎さんと丸山輝久さんに弁護団に入ってもらうことになりました。確か2人に相談に行ったんだよね。

　そうしたら先輩2人が、「まあ、頑張れ」、「俺たちは見守るから、おまえら頑張れ」と言うので、「そんなこと言わないで、何とか一緒に法廷に立ってください」と一所懸命頼んで、最後は何とか、「分かった」と言ってもらいました。神田さん、あれはどうでしたか？　僕が必死になってお願いする姿を横で見ていたと思いますが。

神田　石田さんが、「接見に行け」というきっかけをつくってくださったので、神山さんは、折に触れて、石田さんに経過を報告していました。ですから、石田さんが事実経過を共有する中で、この事件について関心をもってくださっていることはうかがわれていたところです。

　今の若い弁護士が「神山さんが頼みに行った」と聞いても、今やもう偉大になってしまった神山さんが頼みに行くというのがぴんとこないかもしれませんね。当時、既に偉大ではあったものの、神山さんも40代になったばかりでした。神山さんはもともと謙虚な方ですから、先輩弁護士から助言を得たい、助言を

得るためには証拠に直接触れてほしいが、守秘義務の関係もある。そこで、信頼し、尊敬している石田さんと丸山さんに弁護団に入ってもらいたいと神山さんがお考えであることは、私も察していました。

　私としても、事件の端緒から関わっておられ、かつ、信頼できるお2人とご一緒できるのであれば、ぜひそうさせていただきたいと思っていました。

神山　自分が事件を受任して、極めて厳しい事件だったときに、もちろん人に相談をしてアドバイスを受けることも大事だけど、やっぱり、一緒に法廷に立ってもらうことが絶対に必要な事件があります。僕は、そういうときは遠慮せずに頼むべきだと思います。

　そして、国選弁護人を5人選任してもらうのは無理なので、一審では、弁護士会の承認を得て全員がボランティアの私選に切り替わりました。

5. 被告人質問と手帳の証拠開示の先後の判断

神田　石田さんと丸山さんには、もとより大変な事件だからお願いしたのですが、頼みに行くまでの間に、今後の弁護活動に伴って具体的にどんな困難な場面が生じてくるのかをいろいろと議論した記憶があります。

　ゴビンダさんは、取調べでは黙秘をしました。そして、現在とは違って証拠開示請求の制度がありませんでした。そのような中で、当時使われていた言葉ではありませんが、どの時点でケース・セオリーを固めて、どの時点でそれを明らかにするのか、あるいは明らかにしないのか。また、被告人質問で黙秘を

するのかしないのかは大きな論点でした。それらについては、弁護団に入っていただかないと的確な助言を得ることができないのではないか、また、責任を共有していただくことができないのではないか、という問題意識がありました。

神山 正直、責任を分担したかった気持ちが僕の中にあったことは間違いないですね。やっぱり、犯人ではないという事件で、冤罪を起こしてしまうと、当時から再審もやっていましたし、ライフワークとして一生続くわけです。

その責任の重さも感じていましたし、神田さんが今言ってくれたように、この事件の一番の難しさは、いつ弁解するかということでした。とにかく重要な証拠として、遺体が発見されたアパートのトイレの中にコンドームがあり、そのコンドームの中の精液がゴビンダさんのものであるという証拠がありました。それについての弁解はせざるを得ない。それをいつするかを、弁護団はかなり議論しました。

当時、被害者は手帳をつけていて、その手帳に、「何月何日、誰とセックスをしたか」が書かれていました。そこには、名前が書かれている人もいれば、クエスチョンマークをつけられていて、単に「外人」と書かれている人もいました。後にその手帳の開示を受けたわけですが、被告人質問で供述することについて、その手帳の開示を受けた後にするのかが問題でした。検察官は、「手帳の開示よりも前に被告人質問をやれ」という意見でした。

神田 その手帳は、検察官が最初に取調べ請求した証拠には含まれていませんでした。審理が進んでいく中で、あるきっかけでそのような手帳があることを把握し、神山さんが公判担当検事に事実上尋ねたところ、その存在を確認することができました。また、「検察官が近々、それを開示する」という話が伝わってきました。そこで、手帳の開示を受ける時期をいつにするのかという話になったと記憶しています。

結論としては、手帳の開示を受ける前に被告人質問をしました。私は今でも、当時の判断が本当に正しかったのかどうかわかりません。結果的には良い結果になりましたが、それは結果オーライであって、判断が分かれるところだったと思います。「証拠開示を後にしてくれ」と言ったのはなぜだったのかを、いま一度きちんと整理しなければならないと思います。

被告人質問を先に行うことにしたのは、ゴビンダさんの弁解の信用性を増強させる必要があったからだと思います。しかし、証拠開示の前に弁解することは当然リスクを伴います。

　それでも結局その判断に至った大きな理由は、ゴビンダさんとの接見から弁解の確からしさが得られていたからだと思います。それがなければ、きっと怖くて被告人質問を先に行うことはできなかったと思います。

　私は、この問題は、結果がオーライだったかということよりも、選択のプロセスが重要であったと思っています。弁護団で、手帳の開示を受ける時期について、多角的かつ徹底した議論をした記憶があります。失敗すれば外から批判を浴びます。「批判を浴びたときに説明責任を負う」という自覚も共有したと思います。

　議論の際には、やはりゴビンダさんの弁解が信用できるか。接見をどれだけ繰り返し、また、その接見メモがどこまで残っているのか。そういったことも前提とした上で議論したと記憶しています。

　さらに言えば、ゴビンダさんとその議論をきちんと共有しました。「いつあなたにしゃべってもらうのか」、「手帳を見てからにするのか」、「あなたにしゃべってもらってから手帳を確認するのか」、私は、その選択肢とリスクを丁寧に説明しました。そのうえで被告人質問を先にするという選択をした。そういうプロセスを経た以上は、結果がどうであれ、その選択は間違っていなかったと整理しています。

神山　神田さんが的確に整理してくれたとおりだと思います。ともかく難しい問題であったことは間違いないですね。当時は類型証拠開示や主張関連証拠開示という制度がなかったけれども、今でも、証拠開示を受けて証拠を見てから予定主張を明示することによって、「証拠に合わせた弁解でしょ」と言われてしまう可能性はあるわけです。

神田　そうです。神山さんに聞きたかったのはまさにその点です。私たちが今話していることは、当時の事件であったがゆえに教訓になるのか、それとも、今なお妥当する教訓なのかです。

　今は証拠開示請求権が保障されて、かつ、迅速に証拠が開示されるわけです。

そうすると、私たちが議論したような判断が前倒しされていて、弁護人の責務がより重くなっている気がします。

逆に言えば、われわれのほうがまだ余裕がある時代だった。時間的に、いろいろ考えて、いろいろ議論する、いろんな意味での余裕があったのかもしれない。そうだとすれば、この教訓というのはよりいっそう共有する必要があると思う。そして、このような難しい問題があるときこそ、弁護団を組む意義があり、今は尚更その必要性が大きいように思います。

もう一つ、振り返って痛感するのは、そういう判断で迷うことができたのも、黙秘していたからということですね。

神山 そうだね。

神田 黙秘していないと方針の選択肢が狭くなっていくので、その意味でも、こういう事件では少なくとも証拠が開示されるまで黙秘をすることがマストです。そこは徹底して理解していただく必要があると思います。

神山 神田さんの質問に答えると、捜査段階で黙秘して、捜査機関にいかなる情報も与えずにおき、類型証拠の開示を徹底的に求めて、証拠を見て、その後にこちら側の主張を明示する。これが基本だと思うんだよね。

それによって「証拠に合わせたんじゃないか」と言われるのを避けるためには、捜査機関には黙秘をしているけれども、弁護人としては本人の供述を保全しておくしかないと思います。

この事件では、まず被告人質問をして、その後に開示を受けた手帳に被告人質問での供述に沿うような内容の記載があったわけです。そこがゴビンダさんの供述が信用できることの大きな支えになったことは間違いありません。

神田 神山さんと私の間で手帳の開示を受けた感想については、若干の違いがありました。私が検察庁で開示を受けて手帳の内容を確認した後に、神山さんから「神田くん、どうだった？」と電話があったんですよ。ゴビンダさんは、事件が起きるよりも前に被害者と合計3回性的な関係をもったと供述していました。ゴビンダさんが関係をもったという時期に符合するそれぞれの日付にどんな記載があるかについて、私が3つの記載を伝えたら、神山さんは「おう、やった」と言うわけです。一審判決はまさに、神山さんと同じ見方をしてくれ

ました。

神山 そうそう。

神田 私は、「先生、3つの書き方は食い違ってますよ」と言ったんです。「3つの記載を整合的に説明できないと、裁判所に『これらはゴビンダさんについての記載ではない』と言われてしまうリスクがあります」と言った。そのような見方をしたのが控訴審判決だったわけです。

神山 そのとおりです。

神田 私は、神山さんとどこで電話したのかも覚えているほど、そのときの会話を鮮明に憶えています。「神田くん、何を言っているんだ。喜べ」と言われたわけです。

神山 僕は、ものすごく喜んだのを覚えています。

６．一審弁護活動の苦労と反省

神山 一審での弁護活動では、何に一番苦労しましたか。

神田 苦労というのではなく、反省になりますが、捜査官の証人尋問の際に、反対尋問をもう少し工夫する余地があったと思っています。検察官立証を弾劾するだけでなく、捜査官から、彼らが知っている事実や情報をもっと引き出して、証拠開示に結びつける工夫がもっとあってよかったと思います。

　当時、証拠開示という問題意識が十分ではなかったため、証拠開示に結びつける反対尋問の準備が不十分だったと思います。

神山 この事件の一審での大きな反省点は、証拠開示の不徹底だったのは間違いないですね。再審開始後になって大事な証拠が出てきましたから。被害者の遺体の乳房や陰部から唾液が採取されていて、その血液型が鑑定されていたという証拠が再審開始後になって開示されたわけですが、われわれには、そういう証拠を開示させる発想がなかった。

　強姦殺人事件だったら、僕なんかは割とそこに目が行っていたと思うんだけど、強盗殺人事件だったので、そこまで目が行っていなかったし、正直言って、当時、そういう証拠が採取されていたこと自体を知らなかった。

神田 最近は、公判前整理手続の証拠開示制度が適用されるかどうかにかかわらず、弾劾弁護だけではなく、弁護人が積極的に証拠を収集するという姿勢が徹底されつつあると思うんです。なぜ、当時、そのような姿勢、発想が乏しかったのか。それは事件の属性によるものなのか、それとも、時代によるものなのか。

神山 神田さんが言う「時代」というのはどういうことですか。

神田 時代というのは、弾劾弁護に徹するという考え方です。検察官が出してきた証拠しか俎上に挙がらないので、「それを弾劾すればいい」、「何だ、こんな情況証拠しかないのならば、これを弾劾すれば足りる」という、そのような弁護活動だったのではないかということです。

　一審では、警視庁の管理官と東京地検本部係の起訴検事という捜査の責任者２人が証人として呼ばれました。その立証趣旨は、驚くべきことに、「被告人が犯人であること」となっていました。「被告人が犯人であるか」ということを捜査官に証言させるって、冒頭陳述でやるべきことであり、証人尋問でやるべきことではありません。

　その２人が証人として採用されて、私たちは、むしろそれを好機と捉えて、「どういう捜査だったかを端から聞く」ことを徹底すればよかった。

　実際、被害者の定期券がゴビンダさんに土地勘のない巣鴨で発見されたことについては、捜査官の証人尋問で聞きました。定期券だけにとどまらず、科学的証拠についても問題意識をもって聞くべきだったと思います。

神山 なるほどね。僕は、今の点は逆のことを考えていて、変な立証趣旨であることは間違いないが、主任捜査官と主任検察官を尋問したことは非常に良かったと思っています。もちろん、今思うと不十分だったが、定期券が巣鴨で発見されたことを聞いて、そのことが捜査段階で「乗り越えられない壁」だったという証言を引き出すこともできた。

　だから、僕は、ああいう証人尋問というのは、もっと活用されてもいいと思うんですよ。

神田 そうだとすれば、検察官立証ではなくて、弁護人から請求することを徹底しなければいけないと思います。

神山 まさにそうです。僕は、今、公判前整理手続でどんどん争点が整理されていくことに基本的に反対ではないが、ただ、どういう証拠がどういう視点で集められて、捜査がどういう経過を辿ってきたかという過程は、ある意味、非常に大事なものだから、そういうところに目配りをするためには、ああいう証人尋問もあるほうがいいと思うんだよね。

神田 苦労したことはありますか。あったはずなんだけど。

神山 一番苦労したことといえば、笑い話だけど、神田さんと2人で海浜幕張でよくカレーを食べましたね。ゴビンダさんは海浜幕張の店で働いていて、事件があったとされる当日も海浜幕張の店に出勤していたから、そこに頻繁に行きました。

神田 捜査段階から、現場を見るということについて、私は神山さんからかなり教えられた記憶があります。それは、海浜幕張と渋谷の行き来だけではなくて、当然、殺害現場も何度も行きました。

神山 行ったな。

神田 殺害現場には、犯行推定時刻の午後11時半頃に行くようにしていましたし、巣鴨で被害者の定期券が捨てられていたことが判明した後には、定期券が捨てられていた現場に何度も行きました。

　そして、われわれだけが現場を見ても効果は限定されてしまうので、裁判所にも見せるべきだと考えて、殺害現場のアパートの検証を申し立てて、認められました。殺害現場にどうやって入るのかを見てもらうために、検証を行った意義はあったと思います。

　そうであれば、石田さんも本（『「東電女性社員殺害事件」弁護留書』〔書肆アルス、2013年〕）の中で触れていますが、定期券が発見された現場も検証してもよかったと思います。それも1つの反省になります。

神山 そうなんだよな。

神田 もう1つ挙げるとすると、事件関係者である、同じネパール人のLさん、Rさん、Nさんの防御に捜査段階ではなかなか苦労した。

神山 苦労したね。

神田 非常に困難な問題だったことをよく記憶しています。私たち弁護人が参

考人の防御をしてしまうと、罪証隠滅の疑いをもたれますから、それを回避するために、事件関係者1人について2、3人の弁護士に代理人団をつくってもらいました。ゴビンダさんの事件について、Lさんたちは黙秘権を告知されて取調べを受けたわけではなく、参考人として事情を聴かれていました。代理人団は、彼らと面談し、警察に抗議に行き、今日、どんな取調べがあって、どんなことを話して、どんなことを調書に取られたのかを証拠化する、という活動をしていました。

　共犯者であれば弁護人が付いているわけですが、参考人に対して特信性を疑わせるような取調べをされているときに、それをどう証拠化するかは、なかなか難しい問題だったし、今でも難しい問題だろうなと思います。

神山　そうやって、代理人団が得てくれていた供述が非常に重要だと分かって、それをどうしようかと考えていたら、彼らはオーバーステイで強制退去させられるという情報が入って、証拠保全としての証人尋問をしました。

神田　隣で見ていて神山さんの主尋問の素晴らしさを感じました。

神山　大した尋問はしていませんけどね。

神田　証拠保全としての証人尋問を実施する時点では、供述調書が開示されていないので、その人がいったい何を話しているかは分からないわけです。

神山　そうなんです。

神田　そもそも、その人の供述が証拠構造の中でどういう位置付けにされているかが全く分からない場合もあります。分かっている場合もあるでしょうが、分からない場合もある。そういう中で主尋問をしなければならないので、神山さんにお任せで、私はただ座っていただけでした。神山さんは適切な主尋問をされていたと思います。

　いうまでもなく、先ほど話した参考人取調べの特信性の弾劾、つまり「こんなひどい取調べをされている」ということはしっかり獲得できました。ゴビンダさんの犯人性に関連することも、かなりぎりぎりのところまで聞いて、かなりぎりぎりのところを聞かないという尋問をされていたと記憶しています。

　ここでの反省は、Nさんの証拠保全としての証人尋問をやらなかったことです。

神山 やらなかったな。

神田 控訴審でNさんの供述調書が問題になって、私がネパールに行ってNさんに会い、供述調書を作成し、事情聴取を録音録画までしてきたのですが、「なぜNさんの証拠保全としての証人尋問をやらなかったんだろう」と思いました。

神山 そのときは、関係あるとは思わなかった。

神田 証拠構造がわからず、彼の供述の証拠としての位置付けや、彼の供述を保全しておく必要性がわからなかった。結果的には、RさんよりもNさんの証人尋問をやっておいたほうがよかったんです。けれども、自己弁護すれば、仕方なかったのかなとも思う。

7. 一審無罪判決後の勾留

神山 さて、いろいろなことを思い出しながら話していると話題は尽きませんが、無罪勾留（2000年4月14日に一審無罪判決が出た後の東京高裁による勾留決定）の件はどうでしたか。

神田 日々、重要な手続が進んでいきました。あの時期は、神山さんと石田さんにお任せでした。私は、一審で無罪判決が出たときに、弁護団では勾留がつくという予測をしてなかったと記憶しています。

神山 僕は、全く予測していませんでした。

神田 控訴はされるだろうけれども、ゴビンダさん本人は勾留状が失効してオーバーステイなので入管に移り、ネパールに強制送還されるというのが私たちの考えの基点になっていました。

そして、検察官から勾留の職権発動を促す申出があり、東京地裁は職権発動しなかった。続いて、まだ訴訟記録が東京高裁に送られていない段階で、検察官が東京高裁にも職権発動を促す申出をして、東京高裁の第5特別部（木谷明裁判長）も職権発動をしなかった。

ところが、東京地裁が異例の速さで訴訟記録を東京高裁に送り、第4刑事部に係属しました。その第4刑事部から連絡があったときには、非常に驚きました。ゴールデンウイークに入る直前か、その最中だったかもしれませんが、勾

留質問をやるという話になったわけです。

神山 そうだったね。

神田 ゴビンダさんは、既に入管に移っており、勾留質問のために入管から裁判所に来なければいけない。裁判所からは、「ゴビンダさんが抵抗して公務執行妨害などで捕まることがないように、弁護人から指導して勾留質問に出頭させてください」と私に連絡があったのです。何を言ってるのだと思いました。

そして、裁判所から、「普通は土日は入管で面会できないけれども、裁判所が入管にお願いして面会できるようにしてあるから、神田先生、とにかくゴビンダさんに説明に行ってください」と言われました。当時、入管は十条にあったのですが、私が説明をしに行かなければならなくなりました。この説明が大変困難でした。説明に窮する状況になりました。

私たちは、無罪判決が出たので帰国できるだろうと彼に伝えてしまっていました。なぜ裁判所に行かなければならないのか、また、裁判所で彼がどういう話をするのかしないのか、さらには、その後に想定される結果も含めて話をしなければならなくなった。

私は、「こういうときこそ今までの弁護人と依頼者との信頼関係が試される」と腹をくくって、とにかくありのままをきちんと話しました。そして、「引き続きできる限りのことをやっていこう」という話をして理解を得た記憶があります。

ゴビンダさんは、帰国できなくなるリスクを感じたと思いますが、一審で無罪判決を得たという成果もあり、そこでも彼は私たちの助言を踏まえて、ある意味で理性的な対応をしてくれたと思います。

今振り返ると、勾留質問への立会いはもっと強く求めるべきであったと思います。求めたのですが、あっさり拒否されました。令状部が勾留質問をするわけではないので、法廷でやるわけです。立会いをもっと強く求めてもよかったと反省しています。

その後、最高裁の決定（2000年6月27日付け特別抗告棄却決定）でもその結論が維持されました。無罪判決を言い渡されたばかりの人に、「罪を犯したと疑うに足りる相当な理由」があるとか、「罪証を隠滅すると疑うに足りる相

当な理由」があると判断することは、絶対に許されないことだと思います。たしかに少数意見が付きましたが、私は、この決定が判例として残っているうちは、裁判所の「人質司法」は消えてなくならないと思っています。

神山 全く同感です。若い人たちによく言っているけれども、間違った判例を引っ繰り返すこともわれわれの1つの課題だからね。僕も、この判例を残しておきたくない。

8. 控訴審の逆転有罪判決後の弁護活動

神山 その後、一審の無罪判決が控訴審で引っ繰り返って有罪になりました。上告審では、協力者から精子を提供してもらって、それが10日ないし20日でどの程度劣化していくかという、大きな実験をやり、日本大学法医学教授の押田茂實先生に鑑定書を書いてもらいました。

有罪判決は、コンドームは便器の中にあったので精子の劣化が早い可能性があり、事件当時に遺留されたとしても矛盾しないとしたので、精子の劣化の速度は便器の中でも変わらないという立証をしようと考えました。

僕が弁護団事件で学んだことの1つですが、やっぱり、1人や2人で弁護人をしていたら、なかなかあれだけの実験をしようとは思い付かないでしょう。関係者を集めて、押田先生に頼んで日本大学の中のトイレを1つ閉鎖してもらって、協力者に提供してもらった精子をコンドームに入れて、閉鎖されたトイレの便器に入れて、その精子の変化を観察するという実験でした。

あれだけのことをやろうということになったのは、やっぱり弁護団で、「ああでもない、こうでもない」と考えて、「やるんだ」という感じになったからではなかったですかね。

神田 神山さんが言われるとおりですが、弁護団の中に誰が専門家とどのようなパイプを持っているかということに帰着していて、神山さんが押田先生とDNA型鑑定についての勉強会などをし、個人的なつながりの中で実験が可能になったと思うんです。

ですから、鑑定の必要性について議論しなければ、その実験にはつながらな

かったわけですが、私たちは神山さんのおかげで押田先生に依頼することができた。それができない弁護団もあります。

神山　それはあるね。

神田　今、刑事弁護に取り組む弁護士のネットワークができて、情報が共有できる時代になったということに時代の違いを感じます。例えば、「こういう実験の必要があるのですが、どなたか専門家を紹介してもらえませんか」と尋ねれば、すぐに回答が返ってくる。このことは、ここ20年ほどで大きく進化した点の1つであると思います。弁護団も大切だし、同時にそのような横のネットワークも大切だと思います。

神山　確かにそう思うね。やっぱり変わったね。まだまだ不十分だと思いますが、その意味ではネットワークが良くなったね。若い人たちにはもっとネットワークを利用してほしいし、そこでの相互の意見交換や、「こんなのやったから」という紹介などもお互いにもっとあってもいいように思います。

神田　弁護側鑑定の重要性が強く認識されている時代になりましたが、鑑定を実施するためには、専門家についての情報共有ができないことには始まらないですね。その意味で、ネットワークは重要だと思います。弁護士会や刑事弁護フォーラムが果たすべき重要な役割の1つだと思いますね。

神山　もちろん、そうです。

9．事件から得られた教訓

神田　そのほかにもこの機会に申し上げておきたいことがあります。

　1つ目は、この事件は本来、再審無罪事件であってはならない事件だということです。つまり、一審の無罪判決で終わるべき事件だったのです。無罪判決に対する控訴があってはいけなかった。事後審である控訴審が一審無罪判決を破棄することがあってはならなかった。

　私は、この事件では、裁判所が誤った理由やそこから得られる教訓について、第三者機関、または、裁判所自らが自発的に検証すべきだと思っています。

　2つ目は、先ほどのネットワークの話と関連しますが、再審開始決定の決め

手となるDNA型鑑定は大阪医科大学医学部予防・社会医学講座の鈴木廣一先生に嘱託されましたが、弁護人は事前に鑑定受託者について意見を述べる機会を与えられました。誰に嘱託されるかも重要だった。

神山 そうですね。

神田 これもまた結果オーライにしてはいけない話であり、鑑定人に対する適切な評価をきちんと共有できるシステムにする必要があると思っています。

神山 そうだね。

神田 鈴木先生に嘱託された後に、石田さんと神山さんは大阪まで鈴木先生に何度も面会に行っていました。鈴木先生に会いに行くと検察官から何か言われるのではないかというような抑制を働かせてしまいがちなところを、神山さんたちは、当然のように会いに行っていました。そして、非常に有益なやりとりをしていたということがとても印象に残っています。そういう姿勢は、ぜひ、弁護団を通じて若い人に学んでもらいたい1つの経験ですね。

10. 若い弁護士へのメッセージ

神山 さて、弁護団が組まれた時点では、神田さんと佃さんは、3世代の中で一番若手でした。この弁護団事件を通じて神田さんが最も学んだことや、若い人がこういう弁護団事件をやる際に、こういうことを学んでほしいといったことがあれば、メッセージとしてお話しいただけますか。

神田 学んだことは言い尽くせないほどあります。1人でやる事件にも意義があるし、同じ事務所の弁護士と一緒にやる事件の意義もあると思いますが、他の事務所の、そして先輩や後輩の弁護士と弁護団を組むことには、先ほどの2つの場合とは異なる大きな意義があります。これは、おそらくどなたでも容易に理解できることだとは思います。

その上で重要なことは、やはり弁護団に入る以上、同じ弁護士として対等に、いかなる意見であっても自由に述べ、お互いにそれをきちんと受け止めて、また、自分の意見を言う、そのような環境であることがとても大切だと思います。若い人は、そういう環境である弁護団であればぜひ加入するべきだし、しない

手はないと思います。

　さらに、若い人がどんどん中堅になり、さらに上の立場になっていったときには、ぜひ、そういう議論ができる環境を担保できるような弁護団とするようお願いしたいと思います。

　ゴビンダさんの弁護団は、私にとって、自由に意見を言うことができて、また、私の意見を聞いてくれる弁護団でした。本当にかけがえのない経験、財産になったと思います。

　反省点もたくさんあります。かつて、神山さんは、刑事事件をやるための、また弁護団に入るための心構えを、何かの機会におっしゃいました。その１つ目は、「忙しくしない」ということでした。

神山　言った言った。

神田　忙しくしないというのは、弁護士である以上は不能条件であるような気もしますが、言い換えれば、「その事件についての最善努力義務を尽くす前提を欠くような忙しさになったのでは、依頼者のためにならないし、弁護団のためにもならない」ということだと思います。

　その観点からすると、私は、一審まではきちんとやっていたかもしれませんが、控訴審の頃から、弁護士会の活動などに忙殺されるようになり、また、控訴審、上告審、再審という手続の経験不足から、神山さんや石田さんに頼ってしまいました。さらに、再審請求後には、新たに弁護団に加わった宮村さんや鈴木さんが新しい視点で問題提起をしてくれるのに比べると、有益な問題提起や活動が乏しかったのではないかと反省しています。

　また、神山さんは、「忙しくない」ということを前提に、弁護団の先輩よりも記録を速く、かつ、深く読むべきだとおっしゃいました。

神山　うん。言ったな。

神田　神山さんは、「これは自分がきちんと責任をもってやります、という論点を１つでも多く作るように」ともおっしゃっていました。一審段階では、どちらも私なりにしたつもりですが、本当に深く、広く読み込めていたのか。また、「ここは自分が」という論点が本当にあったのかは、自分ではなくて他の弁護士の評価を待たなければなりませんが、心もとないところがあります。

得がたい経験を得る権利があるわけだから、参加する際にはそれに義務が伴うということを十分に自覚して、弁護団に参加してもらえるといいと思います。

神山　僕が若い頃に若い皆さんに話していたことを神田さんが覚えていてくれていて、うれしいです。弁護団に参加する若い人たちは、参加する以上、責任をもち、自分の事件として取り組まなければならないので、覚悟を決めてやってもらう必要があります。

　どういう覚悟かというと、先輩に臆せず、言いたいことを言い、自分から物を言う、あるいは自分から行動する。言われたことをただやるのではなくて、「俺はこれをやる」という積極性をぜひもってほしいと思う。

　再審請求後の時期になると、普段の弁護団会議は僕が一番上になってやっていたので、若い人たちが自由に議論できるような雰囲気を本当につくれていたのかとか、「そんなことは昔検討したよ」と言って却下していなかっただろうかとか、今もそういうことを思ってしまいます。

　難しい事件であればあるほどに、常に新鮮な感覚で物を言えていかなければならないわけだから、若い人たちにそれを要求する以上、上の者はそれを受け入れていくというか、まさにどんな場合でも自由に議論ができる場をつくっていかなければいけないので、その辺は、今も僕自身にとっても反省の材料になっています。

　さて、東京電力女性社員殺人事件の弁護活動をして、15年かかりましたけれども、ゴビンダさんをネパールに帰すことができた。そういう経験を踏まえて、若い人たちに伝えたいメッセージがあれば、どうぞ。

神田　同じ弁護団の中である人が言ったことと別のことを言うよりも、同じことを繰り返して伝えた方が、リマインド効果があっていいと思います。そこで、宮村さんのレポート（法学セミナー2014年11月号「再審事件弁護団活動から学んだ刑事弁護の基本」）を引用したいと思います。

　まず1つ目は、「絶対に諦めてはならない」。もう1つは、「丁寧に事実と証拠を積み重ねる作業」。この2つは、「再審」という枠の中だけでの問題ではなくて、刑事事件全てにおいて、さらには法律家として常に、そういった思いをもってやってもらいたい。そのことが、この事件がこのような結論になった根

底にあると思います。

神山 ありがとうございます。僕もこの事件の弁護団は非常に勉強になりました。ちょうどいい位置にいたと思うんです。僕より10年上に尊敬する石田さんと丸山さんがいて、そこからいろんなことを学ぶ。また、僕よりも下の2人、神田さんと佃さんがいて、彼らに対しては少し指導したりする立場にもいる。中間管理職的な立場で弁護団をまとめていった。しかも、石田さん、丸山さんは、「神山、おまえが主任をやれ」ということでしたから、主任弁護人をやった。

その意味では、弁護団の活動を中間管理職としていかに進めていくかについて、本当に良い経験ができました。その経験が後にいろんな弁護団で生きてきたことは間違いないですね。

神田 神山さんは、「中間管理職」という遠慮した言葉を使われていますが、石田さんも丸山さんも、神山さんの能力と手腕を信頼しておられ、「この事件は神山さんを主任にする」ということについては積極的な意義を見出していたと思います。

弁護団をやっていくうえで主任のリーダーシップはとても重要なファクターです。「リーダーシップとは何か」といえば、それはリーダー自身が率先して仕事をするということもありますが、「そのリーダーのために命を捧げられます」といえるくらいの無償の思いをメンバーがもつ存在であることです。

その意味では、神山さんは、先輩や後輩から「この人のためだったら何でもやる」と思われる存在でした。私はそう感じます。

神山 弁護団として活動してきて、いろんな思いや言いたいことがありますが、若い人たちに弁護団事件をやることの意義が伝わり、これから弁護団事件をやってみようと少しでも思ってもらえるようになれば幸せです。ありがとうございました。

（了）

第2章

【講義】

東電女性社員殺人事件の教えるもの

刑事弁護の責任とやりがい

神山　啓史

弁護士

1．はじめに

責任とやりがい

　今日のテーマは、「刑事弁護の責任とやりがい」としました。私自身、「私は犯人ではありません」と言う冤罪事件をたくさん取り扱ってきました。冤罪を晴らして無罪を取る。これほどやりがいのある仕事はありません。

　2017年11月12日、ネパールに戻っていたゴビンダ（・プラサド・マイナリ）さんが来日しました。「弁護団にぜひ会いたい」ということでしたので、会いました。そして、たどたどしい日本語で、「先生、大変お世話になりました。ありがとうございました。直接会って、ぜひ、こう言いたかった」と言われました。涙が出るほど、うれしいことでした。

　そのとき、ゴビンダさんと初めて握手をし、初めて抱き合いました。無罪を取ったときも、オーバーステイでしたので入管に収容されましたし、再審無罪

を取ってネパールに戻されるときも、入管からの強制送還でした。従って、ゴビンダさんとは15年間付き合いましたが、握手をしたり、抱き合ったりするのは初めての経験でした。「僕のやったことが人の役に立ったんだな」と、これほどの喜びを感じたことはありません。

　今は、こうやって偉そうに話していますが、ゴビンダさんの事件は15年かかりました。今、ゴビンダさんは何も言いませんが、もしゴビンダさんに当時の気持ちを聞いたら、「神山先生、先生にお願いして早くネパールに帰ろうと思っていたんですけれども、15年間、神山先生は役に立ちませんでしたね」という思いがきっとあると思います。

　15年という期間は、人の人生にとって極めて大きいものです。ゴビンダさんの場合、捕まったときには生まれたばかりだった娘さんが、15年たってネパールに戻ったときにはもう大きく成長していました。ゴビンダさんは、娘2人の15年間の成長を一切見ることができませんでした。

　私自身が担当していて、今なお続いている名張毒ぶどう酒殺人事件という再審事件があります。これは1961年に起こった事件ですが、私自身が弁護団に入ったのは1989年です。30年間活動してきました。私自身、サボったという思いはありません。一所懸命にやってきたつもりです。しかし、今なお救い出すことはできていません。奥西勝さんは、すでに獄中で亡くなりました。今は、妹さんが後を継いで再審を続けています。

　冤罪を争うことは、極めてやりがいがあります。勝てなければ、勝てないうちは、自分が担いだ荷物の重さをずっと感じ続けて生きなければいけません。そういう責任の重さがあることも自覚していますが、それでもやりがいはあります。そういう話を少ししてみたいと思います。

２．東電女性社員殺人事件の概要

◆3月19日　死体発見
　　　　　101号室
　　　　　便器内にコンドーム
◆3月8日　深夜の犯行

　東電女性社員殺人事件の概要を話しておきます。1997年３月19日、渋谷区の神泉にあるアパートの101号室の中で遺体が発見されます。そして、その101号室のトイレの中にはコンドームが落ちていました。コンドームには精液が入っていました。

　被害者の足取り等を考えると、３月８日深夜の犯行だろうと推測されます。

◆3月23日　ゴビンダ氏逮捕

◆3月28日　委員会派遣

　３月23日、ゴビンダさんがオーバーステイで逮捕されます。ゴビンダさんは、当時30歳でした。日本に出稼ぎに来て、働いて得たお金をネパールに仕送りをする生活を送っていました。

　３月28日、第二東京弁護士会が、いわゆる委員会派遣をします。当時の新聞には、「ネパール人、オーバーステイで逮捕。OL殺害についても聴取」とい

う記事が出ました。第二東京弁護士会刑事弁護委員会は、これを別件逮捕だと
して、「直ちに当番弁護士を派遣すべきだ」と決定しました。それで行ったのが、
私と神田（安積）さんで、弁護を担当することになりました。

　行ったら、案の定、別件逮捕でした。オーバーステイは間違いありませんの
で、「別件逮捕」と言うと、検察が怒るかもしれませんが、女性社員殺害につ
いて一所懸命聴取をしている段階でした。

　私は、この段階でゴビンダさんに対して、「一切しゃべるな」と完全黙秘を
指示しました。残念ながらゴビンダさんは、オーバーステイ段階のときには、
それがなかなか身につきませんでした。しかし、その後、強盗殺人で再逮捕さ
れたとき以降は、完全に黙秘してくれました。何も話しませんでした。オー
バーステイについての身上経歴調書はありますが、強盗殺人については身上経歴
調書すらありません。今考えても、完全黙秘という方法は間違っていなかった
と確信を持っています。15年たって、ゴビンダさんをネパールに戻すことが
できましたが、それも、捜査段階で何も語らず、彼の弁解に矛盾がなかったこ
とに大きな価値があったと思っています。

　弁護士は、取り調べ対応において決断しなければなりません。それまでにあ
る情報を基にして、「こうあるべきだ。こうしなさい。一切しゃべっちゃいけ
ない。声を出すな」というぐらいの厳しい指示が必要です。私は、その指示に
よってゴビンダさんを守ることができたと思っています。刑事弁護のすごみは、
このように責任を持った自分のアドバイスで、場合によっては人を救うことが
できるところにあるのではないかと思っています。

> **◆2000年4月14日　無罪**
>
> **◆5月8日　勾留**

2000年4月14日、一審は無罪でした。これは非常にうれしかったです。

ただ、5月8日、検察官が控訴をしたことに伴い、控訴審裁判所は、無罪であるにもかかわらず、ゴビンダさんを勾留しました。そして、最高裁はこれを認めました。いわゆる無罪勾留が許されるかどうかについて、勉強した人もいると思います。自信を持って言います。あの判例は絶対に間違っています。私の人生で、もしまた同じような事件があれば、何が何でも判例変更してみたいというぐらいに思っています。

　ゴビンダさんの事件では、このときに大変大きな苦悩がありました。それは、ゴビンダさんに対して説明ができないことです。「先生、無罪になりましたよね」「そうだ。無罪だ」「無罪になったのに、どうして出られないんですか」「いや、検察官が控訴して、どうもまだ駄目だと言うんだ」。まさに、「何で駄目なんだ。無罪を取ったのに、これ以上どうしろと言うんだ」という気持ちだったと思います。弁護団もそうです。

　当時の検察庁や最高裁の考え方はよく分かりませんが、結局、「疑わしきは被告人の利益に」、「無罪推定の原則」があるといえども、「無罪になりたければ、無罪を三度取れ。一審、控訴審、そして、最高裁まで無罪を取らないと、罪を犯したと疑うに足りる相当な理由は消えない」という理解だと思います。これが間違っていることは明らかです。

　しかし、勾留されました。このときに本当に悔しかった思いは、今なお忘れてはいません。この事件の中で、私自身が最も緊張し、忙しく働いた時期だったかもしれません。

3. 逆転有罪になった控訴審

> ◆ 現場の陰毛
> ◆ コンドーム内の精液
> ◆ 精液の遺留時期
> ◆ ゴビンダ氏の弁解
> ◆ 目撃供述
> ◆ 犯行の時間
> ◆ 101号室の使用

　控訴審では、残念ながら逆転有罪になります。逆転有罪になった控訴審と一審とでは、証拠状況は全く変わりません。有罪判決を下した裁判所は、「ここにある7つの間接事実を総合して、優に犯人だと認定できる」と言いました。1つずつ見ていきます。

　1番目は、現場の陰毛です。遺体が発見された6畳間には陰毛が落ちていました。少なくとも1本は被害者のもので、1本はゴビンダさんのものであることに疑いはありません。

　2番目は、コンドーム内の精液です。遺体が発見されたアパートのトイレの中にはコンドームが落ちていました。コンドームは、トイレの水に浮いている状況で、そこから上げてみると、精液が入っていました。この精液がゴビンダさんの精液であることにも疑いはありません。

　どうですか。ここまで二つ聞くと、ゴビンダさんのことを犯人らしいと思いませんか。非常に怪しいです。

◆ 精液の遺留時期

警察鑑定の結果

　3番目は、精液の遺留時期です。

　さて、精液の遺留時期については、一審と二審で判断が大きく分かれました。現場で発見された精液は、全て頭部だけで、尾部が取れていました。精子は、射精してしばらくするとどんどん劣化し、頭の部分と尾の部分が切れていくと言われています。そこで、これはいつ捨てられた精液なのかということで、遺留時期が問題になりました。

　警察はすごいです。鑑定をしています。一審の段階で警察官5人が精子を出し、その精子を5日、10日、20日と見ていって、頭部のみになるのは何日ぐらいかを調べています。その警察鑑定の結果、既に一審で出てきた証拠のみからも、10日ぐらいで半分になり、20日たって約8割になることが明らかになりました。

　その結果を踏まえ、一審無罪判決では、「この遺留精液は、事件のときよりもさらに前に捨てられた可能性が高い」と判断されました。遺体が発見されたのが3月19日、亡くなったのが3月8日ですから、犯人の精液であれば、この精液は10日ぐらい前のものということにならざるを得ませんが、尾部と頭部の分離状況を見ると、10日ではここまでいかないだろうということになりました。一審無罪判決は、極めて合理的な判断だと、私は思っています。

　しかし、二審有罪判決は、そうは言いませんでした。「犯行時のものだとしても矛盾はしない」という認定をします。その根拠になったのは、精液を鑑定した技官が検察官の最後の質問に対して回答した内容です。これは二つあります。

　1つは、検察官が、「ところで、この精液が10日たったものだとして矛盾は

ありますか」と聞くと、技官は、「いや、10日たったものだとしても矛盾はありません」と答えました。それはそうです。決め付けられませんので、10日たったものだとしても矛盾はありません。

　もう1つは、検察官が、「そういう根拠はなんですか」と聞くと、技官は、「はい。便所の中には大腸菌がたくさん居ます。大腸菌の影響を受けると、分離が早まる可能性があります。従って、事件現場で、便器の中に捨てられている状況等を考えれば、10日ぐらいのものだと考えても矛盾はしません」と答えました。

　これに乗っかったのが二審の有罪判決です。これだけを聞くと、どちらの判断もできそうに思えます。どちらが合理的かは、これを見ただけでは分からないかもしれません。

◆　ゴビンダ氏の弁解

手帳の記載
「？外人　0.2」

　4番目は、ゴビンダさんの弁解です。一審の無罪判決は、「ゴビンダさんの弁解は否定できない」という判断をしました。これに対して二審の有罪判決は、「ゴビンダさんの弁解は信用できない」と断定しました。

　実は、この点について、捜査段階では完全に黙秘していますが、被告人質問の段階で黙秘を解いて話をするかしないかで弁護団内部で大議論になりました。

　私は35期ですが、当初は45期の二人とゴビンダ弁護団を組んでいました。しかし、起訴された段階で、私が師匠だと思っている25期の先輩二人に頭を下げて、弁護団に入ってもらいました。ゴビンダ弁護団が素晴らしかったと思うのは、25期、35期、45期と、10年ずつ経験値が違うメンバーが集まったということです。

　そこですったもんだの議論をして、結局、被告人質問をすることにしました。

なぜそんなに問題があったかというと、実は、被害者は売春の日記をつけていました。手帳の中には、いつ誰と幾らで売春をしたのかが克明に記載されていました。名前が分かっている特定の人は、名前が書いてありますし、名前が分からない人の場合には、「？」とか、単なる「外人」といったメモが書いてありました。

検察官に言わせれば、「被告人質問を先行させるべきだ。メモの開示をしたあとに被告人質問なんかしたら、メモに合わせて被告人供述をするに決まっている」という話です。弁護団は、最終的には、「ゴビンダさんの言っていることは絶対に間違いない。彼は無罪である。従って、被告人質問をしたら絶対に手帳側が付いてくる」と判断して、被告人質問をすることにしました。

ゴビンダさんは、「2月25日から3月2日までの間に被害者に声をかけられて、この101号室でセックスした」と言いました。そういうことを言ったあとに手帳が開示されました。手帳には、2月28日の欄に「？外人0.2」と書いてありました。これが出たときは、本当に、「やったー」と思いました。それはそうです。名前が分からない外国人と2月28日に「0.2」でセックスしたということは、きっとこれだという話になります。一審無罪判決では、これを、「被告人の弁解には裏付けがある」というかたちで採ってくれました。

ところが、二審の東京高裁は、「裏付けにはならない。むしろ矛盾する」と言いました。どこが矛盾したのか。ゴビンダさんは、「2月25日から3月2日までの間、101号室でセックスしたことは間違いありません。コンドームを使いました」と言いました。そして、「そのとき、幾ら払ったんですか」と聞かれて、「よく覚えていませんが、500円のお釣りをもらったと思います。4,500円ぐらいだったと思います」と答えました。そこのところです。「0.2」とは2千円のことです。従って、有罪を言い渡した裁判官は、鬼の首でも取ったように、「何言ってるんだ。ゴビンダさんは4,500円と言ってるんだ。記載は2千円だ。従って、この記述はゴビンダさんの弁解の裏付けにはならない」と言いました。

弁護団は、これにもちゃんとした反論をしています。実は、売春の多くのお客さんは、実名が分かっています。さすがは日本の警視庁で、全部当たってい

ます。ほとんどの人が、「そうです。確かに彼女とセックスしたことがあります」「いつ頃ですか」「いついつです」「幾ら払ったんですか」という話をしています。

　全部の証拠開示を求めて、調書を見ると、面白いことが分かりました。女性から見たら失礼な話かもしれませんが、大半の男性は、初めての供述のときには、「何月何日にセックスしたことに間違いありません。金幾ら幾ら払ったと思います」と言います。ところが、後日、また呼び出されて、「ところで、前回、『何月何日に金幾ら』と言ったけれども、何月何日は間違いないみたいだ。でも、金幾らというのは本当に間違いないの？」「いや……」「被害者の手帳があって、その手帳を見ると、あなたの名前が書いてあるんだけど」「はい」「金額が違うんだけど」「あ、違いますか。だったら、その金額が正しいと思います」と、ほとんどが言い直します。

　つまり、どういうことかというと、男性は、街で声をかけられて、そういうことをしたときに、自分でメモでもしていない限り、金額をいちいち正確に覚えていません。従って、ほとんどの人は、供述がどんどん変化します。それぐらい当てになりません。そういう証拠を出しましたが、それでも裁判所は、「２千円と4,500円は違う。信用できない」と言いました。

　５番目は、目撃供述です。これは何かというと、事件当日の午後11時30分頃、101号室に入る入り口の所に男女が立っていたという目撃証言があります。供述どおりに言うと、「女性は被害者風、男性は東南アジア風の人でした」ということです。従って、ゴビンダさんだという識別はしていませんので、意味はありませんが、東南アジア風ということになっています。有罪判決は、「これはゴビンダさんと考えても不審はない」と言いました。

　6番目は、犯行の時間の問題です。ゴビンダさんは、海浜幕張のカレー屋で働いていて、午後10時にタイムカードを押しているのは間違いありません。そうすると、問題は、まさに目撃された所にゴビンダさんが11時30分に着くかです。捜査報告書には、「着く」と書いています。

　ここも、何度も海浜幕張に行ってカレーを食べましたから、忘れようとしても忘れられません。弁護団の中の先輩は、なかなか厳しいです。「神山くん、行ってこい」と言われたら、「はい」と言って出掛けます。海浜幕張に行ってカレーを食べて、午後10時になったら店を出て京葉線に乗って、東京駅に着いたら駅の中を歩いて山手線に乗り換えて、渋谷駅で降りてとことこ歩くと、11時30分に着くのです。そうすると、先輩が、「何で着くんだ」と言います。「『何で着くんだ』と言われても、着くんだからしょうがないじゃないか」と思いました。「同じ曜日に行ったのか」とか、「ダイヤに変更はないのか」とか言われて、いろんなことをさせられました。最終的には、当時、ダイヤに乱れはなかったことを弁護士会照会で取ったことも記憶しています。

　でも、ギリギリの着くのがそもそも変です。つまり、ゴビンダさんのような人が、渋谷に着いてから脇目も振らずにとことこ歩いて帰るはずがありません。普通、渋谷に着いたら、ぶらぶらしながら、それこそ女の子にちょっかいを出したりして歩きます。脇目も振らずに一所懸命歩いて、やっと11時30分にアパートの前に到着するわけですから、それだけでもアリバイになると思います。ただ、有罪判決で、「物理的に不可能ではない」と言われれば、そのとおりです。この辺がアリバイの難しさかもしれません。

　7番目は、101号室の使用です。101号室について、有罪判決は、「ゴビンダさん以外の人間が彼女に声をかけて、101号室でセックスをするなどということは考え難い。従って、101号室の中で殺されているということが、ゴビンダさんが犯人であることの間接事実である」と言っています。これだけ聞くと、かなり強い間接事実ということになります。

　では、一審無罪判決では、どうだったのか。実は、一審無罪判決の時点で、現場の6畳間に4本の陰毛があったことは間違いありません。1本は被害者のもの、1本はゴビンダさんのもの、もう1本は第三者のもの、さらにもう1本は第四者のものです。それはDNA鑑定で明らかになっています。つまり、現場には、陰毛を落とすような格好で居た人間が、ゴビンダさん以外にも2人居たことは間違いありません。そういうことを踏まえ、一審無罪判決は、「101号室に出入りした人間は、ゴビンダさんとは限らない」という判断をしました。

　これに対して二審有罪判決は、「この部屋は、もともといろいろな人が借りている。そして、その人たちが出ていったあと、十分に掃除をしなかったと思われる。従って、もともと住んでいた人や、そこに出入りした人の陰毛等が落ちていたとしても何ら不審なものではない」という判断をしました。そういう判断をしてしまえば、何の不審もありませんが、本当にそういう判断が証拠上できるかというと、極めて疑問だということになります。

　この事件で間接事実を考えるときに、一番大きな間接事実は何かというと、101号室の使用がゴビンダさん以外の人にも可能だったかどうかです。つまり、行きずりの犯行ですから、誰でも犯行の可能性はあります。しかし、犯行の可能性を絞ることができるのは何かというと、101号室の使用です。そう考えた

有罪判決は、思考としては、そんなに間違っていません。ただ、問題は、それが本当に認定できるかどうかという点にあったように思います。

これまでに話したように、この事件は、一審無罪判決、二審有罪判決で、証拠状態は全く同じなのに評価が違い、2つの事実認定がされていることになります。これが事実認定の難しさです。

このようなことを踏まえて、2000年12月22日に逆転の有罪を受けます。一審の無罪判決と同じ年です。この12月22日のことは、なかなか忘れられません。新聞にも出ましたが、有罪判決が出され、裁判長が、「以上、終わります」と言ったとき、最後にゴビンダさんは、たどたどしい日本語で、「神様、私やっていない」と不規則発言をしました。まさにそういう状況でした。

このときも、弁護団は大きな苦悩を持ちました。その苦悩は何かというと、敗因が分からないということです。つまり、検察官から何か新しい事実が出てきて引っ繰り返ったのであれば、まだ分かります。しかし、事実関係は全く同じです。ただ、判断が違うということです。「そんなこと言われたって」という感じです。つまり、同じ事実状態の中で、一審無罪判決は、「犯人だと断定はできない」と言いましたが、二審有罪判決は、「犯人と認定できる」と言いました。

そこを分けたものは何かということについては、なかなか難しいものがありますが、事実認定とは、それぐらい微妙なものだということです。

4. 上告棄却、そして再審請求へ

◆2000年12月22日　　逆転有罪

◆2001年7月2日　　　押田鑑定

ゴビンダさんは、もちろん上告します。では、上告したときに何をしたか。「2001年7月2日－押田鑑定」です。あの事実関係の中で科学的な部分というと、精子の遺留時期しかありません。従って、二審の有罪判決は、「精子の遺留時期が事件当時のものだとしても矛盾はない」と言いましたが、「それは矛盾している」と言いたかったわけです。

　そこで何をしたかというと、日本大学の押田（茂實）教授の協力を得て実験をしました。その実験とは、日本人とネパール人の男性で精子の力に差があるとは思いませんでしたが、ネパール大使館に頼んでゴビンダさんとほぼ同世代のネパール人5名を選び、さらに日本人も5名選び、彼らに出してもらった精子を便器の中に放り込み、5日、10日、20日たったときの状態を観察するというものです。結果は、便器の中でしなかった警察鑑定と全く同じでした。便器の中で実験しても、精子の頭部と尾部が半分ぐらいに分離するには10日、8割がた分離するには20日かかっていますので、二審の有罪判決の論理は完全に崩れたと、私たちは思いました。そして、上告で勝てるのではないかと思いましたが、残念ながら上告でも負けました。

　実際に弁護活動をするときに、やりがいが一番あって面白いことは何かというと、こういう実験です。実験が面白いと言っては、本当はいけませんが、若い弁護士から、「何とか引っ繰り返したいですよね、先生。何か引っ繰り返す材料を取りたいですよね」と言われると、みんなで知恵を絞ります。

　「そうだ。ネパール大使館に頼もう」とか、精子を出して、経時変化を見てもらうなどということは、画期的なアイデアだったと今でも思います。実際、日本大学の校内のある便所を完全に閉め切り、便器に水をためて精子を入れ、その精子を経時で観察してもらいました。

```
◆2003年10月20日　　上告棄却

◆2005年3月　　　　　再審請求
```

　ところが、上告は棄却されました。

　そして、2005年3月に再審請求を起こすことになります。ここでもまた苦悩が2つありました。1つ目は、ゴビンダさんに、「先生、自分はやっていないんです。先生たちを信頼しています。だから、何が何でもネパールへ帰してください。再審というものがあるならば、ぜひやってください」と頼まれたことです。

　このように頼まれることは、信頼されているということなので、もちろんうれしいですが、「はい。そうですか」と簡単には言えません。なぜなら、私自身、たくさんの再審をしてよく分かっていますが、日本の再審で勝てる確率は、針の穴を通すほどしかないからです。まず、負けます。

　しかし、「先生、お願いします」「いや、僕も一所懸命やったけれども、ほかの誰か立派な先生に頼んで、違う目で事件を見てもらったらどうか」「先生、私を見捨てるんですか。私は先生を信頼しています。先生に最後までやってほしいんです」。こういう殺し文句を言われると、なかなかつらいです。悩みました。しかし、最後は、しょうがないということで、弁護を継続しました。

　そして、再審を起こすためには新証拠が必要ですが、これがなかなか作れませんでした。しかし、ゴビンダさんは、「早く再審を起こしてください」と言いますので、最後は決断し、2005年3月に再審を起こすことになります。

　弁護団の2つ目の苦悩は、2005年3月に起こした再審が2009年まで全く動かなかったことです。どんなに意見書を出し、どんなに証拠開示を求めても、裁判所も検察庁も、うんともすんとも言いませんでした。しかし、日にちはどんどんたっていきます。

今でも思い出すのは、当時、横浜刑務所に居たゴビンダさんに、たまに面会に行くと、泣くのです。弁護人の前で、「先生、自分はネパールにもう帰れないんですか。ネパールに残している女房や娘との生活は、もう無理ですか。先生、無期懲役ということは、もう日本で死ぬだけなんですか」。なかなかつらいです。

　さて、どう答えるかです。弁護士は、時に二律背反する要求を満足させなければなりません。「来年になれば、何とか再審になるから」という大うそは絶対につけません。かといって、ばか正直に、「いや、日本の再審は99.9％無理なんだ」と言ったら絶望させてしまいます。正確なことも言わなければなりませんが、絶望させてはいけません。

　そういう中で、今思ってもぞっとしますが、行くたびに、「ゴビンダさん、ネパールでは奥さんと娘さんがあなたの無実を信じて、一日も早い帰りを待っていてくれている。この前、日弁連にも来られて挨拶されていた。幸いにして日本の国の中でも、君の無実を信じて頑張っている支援者たちがいるから、体を大事にして、とにかく絶望しないで頑張るしかない」と言い続ける5年間は、なかなかつらいものがありました。

5．動き出した再審

> ◆2009年6月　足利事件再審開始
>
> 保管状況の報告

　さて、ようやく再審が動き出しますが、その大きなきっかけになったのは、2009年6月の足利事件の再審開始です。実は、私は足利事件も担当しました。菅家（利和）さんは、ゴビンダさんよりも長い、17年半という年月がかかり

ました。

　足利事件の再審開始で何が分かったかというと、1997年当時にはできなかった新しいDNA鑑定の方法、STR（ショート・タンデム・リピート）法ができるようになったということです。足利事件の場合、事件当時は、「菅家さんのものと矛盾しない」という鑑定だったものが、STR法によって菅家さんではない型が出たことで、菅家さんとは矛盾することが分かりました。

　ゴビンダさんの事件でも、ぜひ、そのような鑑定をしたいと思ったので、まずは、裁判所に対して、「DNA鑑定をできるような試料が残っているのであれば、それを検察官に保管させてください」と要求しました。つまり、試料がなくなってしまってからでは遅いので、直ちに鑑定ができなくても、保管状況だけは確認してほしいということです。裁判所は、その要求を了承し、検察官に保管状況を確認させました。これが大きなきっかけだったと思っています。

◆膣内容物の存在

検察官に対する鑑定要請

　その中で、被害者の膣（ちつ）内容物を取ったガーゼ片が今なお残っていることが分かりました。すごいと思いました。そこで、これを直ちに鑑定すべきだという論争になりましたが、当時の裁判長から、「弁護人が鑑定を求めているのもそのとおりだけれども、裁判所の鑑定をするよりも、今、検察官の手元にDNA鑑定ができるような試料があるのであれば、検察官が、全部鑑定されたらどうですか」と提案がありました。

　実は、この提案があったときに、弁護団では、「検察官に鑑定をさせていいのか」と大議論になりました。ただ、当時、足利事件を担当していましたので、DNA鑑定については、かなり知っていました。

　裁判所からも、「神山くんなら全部分かっているだろう。だから、三つの条

件を出す。1つ目は、科捜研や科警研など、警察の息の掛かる所には鑑定させず、大学に鑑定を頼むこと。2つ目は、データの一部だけを提出するのではなく、全てのデータを提出すること。3つ目は、できる限り再鑑定ができるように試料の残存を図ること。こういう提案でどうか」と言われました。

　2005年に再審請求を起こして、このときは2009年ですから、もうだいぶ日がたっています。ゴビンダさんも疲れてきています。ですから、何とか動かさなければいけないと思って、この鑑定の提案をのみました。

　そして、検察官に対する鑑定要請があって、検察官は、まず、42点の試料について鑑定しました。その鑑定の結果は、何と弁護団が知る前に読売新聞がすっぱ抜いて大騒動になりました。

◆　膣内容物　X

◆　陰毛1本　X

　膣内容物からは、名前は分かりませんが、一人分のYファイラーDNAがきれいに出ました。その人を仮に「Xさん」とします。従って、この人の精液であることは間違いありません。

　さらに、現場に残された陰毛のうち、これまでDNA鑑定をしていなかった1本が、何とXさんとDNAが一致しました。このときは本当にうれしかったです。今でも忘れません。「やったー。やっぱり、神は見捨てない」と思いました。膣内容物がXさんのものであり、現場に陰毛が残されていたとすると、最後に被害者とセックスをした人間は、ゴビンダさんではなくてXさんだということがほぼ明らかです。

　正直言って、これで検察官はもう諦めるかと思いました。しかし、「さすが検察庁」と言ってはいけませんが、諦めませんでした。検察官は、「実は、ま

だ試料が残っています。ついては、もう一度鑑定をしたい」と言いました。「えっ、まだ試料が残っているんかい。全部やるという約束じゃなかったんかい」と思いましたが、とにかく残っているということでした。

◆　**リスト開示**

乳房の唾液　O型

　今はもう法制化されましたが、そのときに、いわゆるリスト開示を求めました。「全部鑑定したと思っているのに、まだ残っていると言われた。そんなことでは信用できない。残されているものは、全部ひっくるめてどれぐらいあるんだ。全部をリストにして出してくれ」と言ったら、そのリストが出てきました。

　そのリストの中には、事件当時の1997年の科捜研の鑑定として、何と被害者の乳房や陰部等から採取した唾液の鑑定書がありました。アミラーゼ反応を見ると、間違いなく唾液が付着していました。当時ですので、唾液のDNA型は取っていませんが、ABO式は取っていることが分かりました。乳房及び陰部の唾液はO型でした。

　これは大事件です。被害者はO型、ゴビンダさんはB型です。つまり、最後にセックスをしたとすると、当然、乳房や陰部をなめています。ゴビンダさんはB型ですから、仮にゴビンダさんがなめていたとすると、B型の物質が検出されるはずです。ところが、被害者のO型しか出ていないことが分かりました。

　このことは新聞記事にもなりましたが、大仰天でした。当時、記者会見をしたことを覚えていますが、「証拠隠しだ。何でこんな大事な証拠を明らかにしないのか。これは何だ」ということで問題にしました。

　しかし、考えてみると、本当に検察官が証拠隠しをしたかどうかは分かりません。弁護団の意見は違いますが、私の意見としては、むしろこれは検察官の

無能から始まっていると思います。つまり、検察官は、この証拠を非常に甘く見たのだと思います。「乳房、陰部、O型？だって、被害者はO型でしょう。O型だったら、被害者のものが出ただけでしょう。ゴビンダさん、B型？たまたま出なかったんでしょう」ぐらいに考えたのだと思います。

しかし、その判断は非常に怖いです。つまり、こういう証拠があったときに、なぜ証拠開示が大事かというと、これは一方の当事者だけで判断してはいけないからです。対立する当事者が批判的な目で物を見て、判断や検討するチャンスを与えなければ、公平ではありません。ですから、証拠開示は大事だということです。多くの検察官は、自分たちの証拠判断には間違いがないと思っています。ただ、大事なときに相手方当事者の吟味や検討を経ていないのは、フェアではないと思っています。

> **◆乳房等の付着物　X混在**
> **◆コートの血痕**
> **◆ブラスリップ**

さて、検察官は、追加で15点の鑑定をしました。そうすると、ますますXさんが出てきました。乳房等の付着物は、Xさんのものが混在していました。混在は分かりますね。被害者のものは当然出ますから、被害者のものとXさんのものが混在していても矛盾はありません。コートの血痕にも被害者のブラスリップにもXさんのものが混在していました。これはもう間違いないだろうと思いましたが、検察官は、なお諦めませんでした。

検察官は、さらに第3次の鑑定をしました。これは27点ありましたが、有意の結果は一切出ませんでした。こうなると、もう勝ちだと思いませんか。検察官に早く諦めてほしいと思いましたが、検察官は最後まで諦めませんでした。

　検察官は、「ゴビンダさんが犯人である。そういうストーリーが十分に成り立つ」と言いました。大前提として、午後10時16分頃、被害者は、名前も分かっているＡさん（Ｏ型）と性交して、そのあと、シャワーを浴び、入浴をしてホテルを出ます。これは、争いはありません。そのあと、検察官はこう言いました。「Ｘさんとは、その後、路上で出会った。そして、路上でセックスをする。従って、Ｘさんの精液が膣内に残った。また、路上でセックスをしたときに、何らかの事情でＸさんの陰毛が被害者に付着した。そして、Ｘさんは、そのときに乳房を当然なめているから、唾液が出ても当然だ。そのあと、Ｘさんは立ち去った」。

　そして、ゴビンダさんが登場します。「ゴビンダさんは、そこで被害者と101号室に入り、コンドームをしてセックスをした。だから、Ｘさんの精液は膣内に残ったままだ。そして、ゴビンダさんとのセックスの過程で、被害者に付着したＸさんの陰毛がはらりと落ちた。そして、ゴビンダさんは、そのとき乳房等はなめなかった。こう考えたら何の矛盾もないじゃないか」。それはそうです。なかなかよく考えたと思いますが、「本当にそうなの？」という感じがします。

　ただ、検察官の言っていることも、あながち間違っていないところもあります。彼女は、現に屋外でもセックスをしています。証拠等を見ると、現に屋外の駐車場や路地の真ん中でセックスをしていて、その相手の男性も、そこでセックスをしたと供述していますので、それはそうかもしれません。ただ、そこから先、Ｘさんの陰毛が被害者にいったん付着し、ゴビンダさんと触れ合う中

ではらりと落ちる辺りになってくると、なかなかよくできた話だと言わざるを得ません。

　立証責任をどこかでよく考えてほしいと思います。検察官は、ゴビンダさんが犯人であることを立証しなければいけないはずです。ところが、検察官は、ここで頭が混乱していて、「確定判決は絶対間違いない。従って、確定判決を守るためには、こんな仮説もあり得る」ということになっています。これは大きく間違っていると思います。

６．再審決定

◆2012年6月7日　再審開始

刑の執行停止

　2012年、検察官がまだ諦めていない中で、再審が開始されます。そして、刑の執行が停止されました。刑務所から出せて非常にうれしかったです。画期的なことです。無期懲役として受刑中の人間の刑の執行を停止したら、釈放になりますが、オーバーステイがありますので、残念ながら外には出てこられません。入管に入れられて強制送還されることになります。

　実は、強制送還になるときも、はらはらしました。思えば、一審では無罪判決が出ていますから、そのときにも入管に入っています。強制送還の手続きが粛々と進み、強制送還される予定でした。ところが、検察官が控訴し、裁判所に対して、「勾留してくれ、勾留してくれ」と言っていた段階で、よく分かりませんが、入管当局は、なぜか強制送還しませんでした。電話を一所懸命かけると、「ただ今、粛々と進めています」と答えます。「早くやれよ」と言いましたが、しょうがありません。今回も、そういう目に遭うのではないかと思いま

したが、今回は、さっさと強制送還してくれて、ゴビンダさんを国に帰すことができました。

翌日、飛行機の中でほほ笑んでいるゴビンダさんを新聞で見ることができました。「神山先生、早くネパールに帰りたいんです」と言っていたゴビンダさんの願いをやっとかなえることができてほっとしたことを今でも覚えています。

◆8月　　　　最後の鑑定

◆11月7日　再審判決

検察官は、何とまだ諦めていません。「最後の鑑定をしたい」と言いました。三者協議の段階で、さすがに私も怒鳴りました。「検事、いいかげんにしてください。今度鑑定して、これで結果が出なかったら、今度は諦めるんでしょうね」と言ったら、担当検事は苦渋の表情を浮かべ、「検討致します」と言いました。あの顔は今も忘れません。これは担当検事が悪いのではなく、きっと検察庁の問題だと思います。

最後の鑑定は何をしたかというと、被害者の10指の爪を全部採っていましたので、この爪の付着物を鑑定したいということでした。検察官の趣旨は分かります。爪の付着物からゴビンダさんと矛盾しないものが出てきたら、殺される最期の瞬間に引っかいたか何かの裏付けになりますので、どうしてもやりたかったのだと思います。

鑑定した結果はどうだったか。「やっぱり、神様は居るな」と思いました。本当に爪の切れ端なので、どう見てもそんなものが分かるとは思えませんが、10本中3本からDNAが検出されて、それは何とXさんとの混在でした。そして、ゴビンダさんと符合するものは一切出ませんでした。

そこまでの鑑定をしたことによって、さすがの検察官も、再審公判において

は無罪の意見を出すことになりました。

　再審の無罪判決については、すったもんだが若干ありました。1つは、弁護人としてどういう判決を求めるのかということです。一審は無罪です。検察官は、有罪だと思って控訴しました。従って、検察官が無罪という意見を持ったのであれば、やるべきは控訴の取り下げです。それで終わります。ところが、検察官としては、裁判をしたいわけです。裁判をしても無罪判決は出ません。一審は無罪判決ですから、弁護活動としては本件控訴の棄却を求めることになります。しかし、最終的には、「検察官が控訴を取り下げるかたちで終わるよりも、判決をもらおう」ということになりました。そして、検察官の控訴を棄却することで無罪が確定しました。

　実は、無罪判決について裁判所に一所懸命要望していたことがあります。それは、「この事件は、新証拠が出てきたから無罪になった事件ではありません。そもそも一審は無罪です。そのことを忘れないで判決をしてほしい」ということです。意見書にも、そういう趣旨のことを書いたのを今でも覚えています。一審無罪判決をおとしめてほしくありませんでした。つまり、「一審の無罪判決は、ぱっとしなかった。しかし、新証拠が出てきたから無罪がはっきりした。そういう事件だ」と言ってほしくありませんでした。

　再審公判の無罪判決を聞いたら、一番最後の「第7項」か何かで一審の判決を振り返り、「二審判決で挙げた以下の何々、何々、何々という疑問は全て間違っていた」と言い切ってくれました。つまり、一審無罪判決は、そのまま正しかったということを最後に言い切ってくれたので、本当に良かったと思っています。これが、ゴビンダさんが最後に無罪判決を取ったところまでのおおむねのいきさつです。

7．冤罪の悲劇

　弁護団事件をしていると、難しいことはたくさんあります。そこで、今後、弁護団事件をどのようにしていくかということについて話します。

　その前に、冤罪の悲劇について、少し話しておきます。冤罪の悲劇には大き

く2つあります。1つは、東電女性社員殺人事件のゴビンダさん、足利事件の菅家さん、名張毒ぶどう酒事件の奥西さんのように、やってもいない罪で自由を奪われ、人生を奪われた人の悲劇です。それは回復のしようがありません。

しかし、被害者はもう1人居ます。それは誰かというと、真犯人を見つけてもらっていない被害者です。それがもう1つの悲劇です。私は、迷宮入り事件のほうがましだと思っています。迷宮入り事件では、どこかに居るであろう真犯人は、「明日は自分が犯人だとばれるんじゃないか。あさっては自分の所に刑事が訪ねてくるんじゃないか」と、今日もおびえ続けています。ざまあ見ろです。犯人なら、びくびくしながら生きるべきです。

しかし、警察官や検察官や裁判所が間違って、違う人間を有罪にしてしまった時点で、真犯人はどう思うか。真犯人は、ほくそ笑みます。「自分はもう大丈夫だ」と思います。こんな人権侵害はありません。被害者や遺族の立場に立ったときに、真犯人が笑うなどということは絶対にあってはいけません。真犯人を笑わせてはいけません。

だからこそ、私たちは冤罪を憎みます。冤罪を憎む気持ちにおいては、警察官も検察官も裁判官も法医学者も新聞記者も一般市民も全く同じです。そして、私たち法律に関わる人間は、冤罪をつくることに何らかのかたちで自分が加担してはいけません。それだけは心に念じておく必要があります。

> ◆　自覚
> ◆　徹底
> ◆　墨守

第1に、冤罪をつくらないためにはどうするかです。制度のことはさておき、私が個人的に考えている1つのことについて話します。1つ目は「自覚」です。私たちは、視野狭窄（きょうさく）に陥るという自覚を持っています。人間は、間違いなく視野狭窄に陥りますし、思い込みを持ちます。ましてや、私たちの

ような仕事をしていると、どうしても思い込みを持ってしまいます。

　そして、思い込みを持つと、自分が期待している方向を示す証拠は、光り輝き、大きく見えます。しかし、自分の期待する方向に反する証拠は、自分の目には見えなくなります。見えたとしても、小さくしか見えません。視野狭窄は、証拠や事実の見方に大きなドライブを掛けてしまいます。

　実は、この裁判でも、裁判官、検察官、そして、弁護人にも視野狭窄があったことがうかがえます。例えば、現場に残された陰毛４本についてです。被害者のものを除いて３本あるということは、ゴビンダさん以外の犯人の可能性もあると素直に考えればいいですが、ゴビンダさんが犯人だと思い込むと、「残り２本は、事件とは関係ないときに落ちたのではないか」という方向で考えてしまいます。

　検察官は、乳房、陰部等からO型の唾液が出たときに、「O型だから、これは被害者のものでしょう。ゴビンダさんはB型だが、たまたま出なかったのでしょう」と考え、証拠から落としてしまいました。しかし、素直に見れば、おかしいです。「B型が出ないのはおかしいじゃないか」と一言言う上司の検察官が居なかったのかと思ってしまいます。

　そして、弁護人も視野狭窄に陥っていたことを、私は先輩と議論しました。「神山くん、われわれは、どうして一審の段階で被害者の体表から採取された唾液等の鑑定書を特定し、証拠開示請求しなかったんだろうか」。そうです。鑑定書を特定していませんし、証拠開示請求もしていません。現場の痕跡や現場に落ちていた証拠物は、洗いざらい証拠開示請求したと思いますが、被害者の体表までは考えませんでした。

　今から思うと、視野狭窄に陥った原因は罪名でした。罪名は強盗殺人でした。これが強姦殺人や強制わいせつ殺人だったら、きっと私は、体表等の唾液とかいうことの鑑定書を個別に具体的に要求したと思います。ただ、強盗殺人罪だということから、残念ながら、そこには目が行きませんでした。これは本当に怖いことです。

　それを踏まえて考えると、２つ目は「徹底」です。これは何を徹底するかと

いうと、証拠開示です。証拠開示は徹底してするべきです。私見としては、少なくとも再審請求段階においては、証拠開示が絶対にあるべきだと思っています。そうでないにしても、リストの開示、類型証拠開示、主張関連証拠開示という手段が弁護人の手に入ったわけですから、それを駆使して、ともかく証拠を徹底的に見ることが大事です。

　1つの証拠は1つのことしか物語らないわけではありません。見方によっては有罪方向にも見えますが、見方によっては無罪方向にも見えるのが証拠の怖さです。「先生、この証拠は、どっちを示していますか」と聞かれますが、正解があったら何の苦労もしません。正解はありません。己が全身全霊を懸けて判断するしかありません。そうなれば、対立当事者の判断を求めることが当然であり、対立当事者としては判断を求めさせてもらわなければいけません。従って、情況証拠事件が増える中、徹底した証拠開示は当然必要です。

　一番最初を思い出してください。現場に陰毛が2本残されていて、遺体のそばに被害者の陰毛が1本、そのほかにもう1本あるという情況証拠を見たら、それは犯人のものだと、誰でも思います。ところが、現場には陰毛が4本あって、被害者の陰毛が1本、被告人の陰毛もありますが、第三者と第四者の陰毛も落ちていたとすると、「あれ？」と思います。これが情況証拠の怖さです。

　3つ目は「墨守」です。「墨守」という言葉が適当かどうか分かりませんが、ここでは、「かたくなに守る」という意味で使っています。かたくなに守ってほしいのは何か。守るべきは刑事裁判のルールです。

　そして、今は裁判員裁判時代になりました。裁判員裁判の事件で裁判員を選任するときには、普段は暗唱しないであろう裁判官も、「刑事裁判のルールは、こうなっている。不確かなことで人を有罪にするわけにはいかない。証拠を常識に従って判断し、犯人であることが間違いないということでなければ、犯人にはできない。疑問が残るときは無罪である」と必ず告げなければいけません。こういうことを裁判員裁判ごとに声高に話をする時代になりました。

　私たちは、このことをもっと自覚すべきです。一般市民は、裁判官から今のような説明を受ける中で、そういうルールがあることに気が付き、そういうル

ールに従った判断をしようと努力します。しかし、私たちはそうでしょうか。「そんなルール、分かってる分かってる」。分かっていません。そんなに甘いものではありません。何度も何度も繰り返し、そのことを身につけていくことが必要です。

　もう1つ、録音・録画時代になりました。弁護士は、長年の悲願として録音や録画を求めてきました。録音や録画をすれば、供述は、そのまま正確に残ります。だからこそ、黙秘権がより重要になります。私たちは、黙秘権がどれだけ重要な権利かをよく分かっているつもりです。しかし、本当に分かっていたのだろうか。今、録音・録画時代になり、供述をさせるかさせないかについてどれだけ真剣に考えているだろうか。供述をさせてしまえば、それは黙秘権を放棄したことになります。「この人に黙秘権を放棄させて本当にいいのだろうか」ということをあらためて考えるためには、刑事裁判のルールや黙秘権などの人権について、かたくなに守り続けるという意識が必要です。

8．弁護団の効用

◆　**議論**
◆　**調査**
◆　**支え**

　次に、弁護団事件をするときに、いかに弁護団に効用があるかということについて話します。1つ目は「議論」です。刑事事件、しかも、難しい事件で、公訴事実に疑いがある事件を1人でやるのは大変な苦痛です。

　刑事弁護については、「一所懸命やったからいいじゃないか」などという言い訳は絶対に利きません。アスリートであれば、スポーツで負けて悔しかったら、自分が泣けばいいです。しかし、私たちが負けるということは、自分が信

じていた人権が守られないことを意味します。負けてはいけません。結果が全てです。その中で、自分を支えていかなければいけませんが、これはなかなか大変なことです。

しかし、複数の弁護人がいれば、議論ができます。「ああでもない、こうでもない」と、いろいろな見方が話されます。そのことは、先ほど言った視野狭窄を防ぐ力になります。1人でやっていたら、どうしても視野狭窄になりますが、何人かで議論をすることによって、それが防げますし、その議論の中で、「ああ、なるほど。そういうことなのか」、「あ、そういう考えもあるのか」ということが分かります。

この事件では、先輩が、「神山くん、本当にここで殺されたのか。ここだという証拠はあるのか。ここに運び込まれた可能性はないのか。おまえ、周りに当たったのか」「いや、当たってませんけど」「行ってこい」。こう言われて行きました。「何月何日、大きな荷物を運んでいる人は居ませんでしたか」とか、「物音が聞こえませんでしたか」と聞いて回りました。どこかで殺して、遺体を運んだということもないわけではありません。このように、議論をする中で、どんどん煮詰まってきます。

2つ目は「調査」です。複数いることによって、たくさんの調査ができます。弁護団は議論しているだけではありません。ほとんどが足を動かして調査しています。名張毒ぶどう酒殺人事件を担当していたときは、物理学や化学や生物学の専門家に会いに行きました。強制わいせつ等が入ってくる事件だと、下着メーカーや服飾メーカーに行ったこともあります。歯の専門家やのりの専門家や紙の専門家に会ったこともあります。つまり、いろんな所に行って、いろんな調査をします。それは自分自身の知識を増やすことにもなりますし、非常に勉強になります。

ただ、調査には時間がかかります。そして、ぜひ覚えておいてほしいのは、この調査の大半は、残念ながら役に立たないということです。ほとんどは無駄に終わります。ここで、「無駄に終わるからやらない」と言う人は、法曹の資格を持つべきではないと、私は思います。無駄なことと承知していても、私た

ちは、人権のためにやらなければなりません。その中から珠玉の真実が出てきたときに、それを使うことができます。無駄なことはしたくないという、そんなに甘いものではありません。

　3つ目は「支え」です。これは「精神的支え」という意味です。1人でやっていたら大変です。胃が痛くなりますし、夜も眠れなくなります。そういうときに支え合うのは、やはり仲間です。仲間と弁護団会議をするたびに、食事に行って愚痴をこぼします。「あの裁判官はけしからん」とか言って、精神を保っている状況です。

　特に、弁護団に入ったときには、後輩が絶対に必要です。例えば、「状況を調べろ」と言われると嫌です。警察のバッジを持っているわけではありませんので、「ピンポーン」「何ですか」「そこで起こった事件の弁護をしている者です」「ああ。それで何の用？」「いや、何か話を……」「いや、もうその話はしないしない。帰って帰って」「いや、そこを何とか」「ああ、駄目駄目」。大半は、こういう目に遭います。こういうときに、後輩が居ると楽です。「おい」と言って後輩に行かせればいいです。弁護団は、このために後輩を求めています。今のは冗談ですが、実際にそんなことでもしていかないと、精神の支えにはなかなかなりません。

　私自身、先輩から言われた言葉があります。「神山くん、弁護団っていうのは楽しくなければいけないんだ」「先生、楽しいっていうのはおかしいんじゃないですか」「何を言ってるんだ。楽しくなければ続かない。そして、弁護士がつぶれるわけにはいかないんだ。弁護士がつぶれたら、誰が人権を守るんだ。だから、弁護団のおまえがつぶれたら駄目なんだ。おまえは、何としてでも精神を支えて弁護活動をしなければ駄目なんだ。われわれ先輩は先に死ぬ。最後はおまえが残る。おまえが全責任を負って、この事件をやる時代が来る。それまでおまえは倒れてはいけないんだ」と言われたのを今でも覚えていますが、なかなか厳しい言葉です。しかし、やりがいは、そういうところからしか生まれないのかもしれません。

　この中には、今の話を聞いて、「弁護団にはとても入れない」と思う人も居る半面、「よし、弁護団に入ってやろう」と思う人もきっと居ると思います。それを期待して、弁護団員の心得について話します。

　1つ目は「覚悟」です。これは何かというと、自分の事件としての覚悟です。私がいた弁護団で、私の下に新人が入ってきました。一番初めの挨拶で、「今度、新しく弁護団に入る何々です。勉強させてもらいます」と言った途端に、先輩が、「ばか野郎。弁護団は勉強するところじゃない。役に立て」と言いました。これは、「弁護団は勉強させる場ではない。己の全知識を使って役に立たなければいけない。つまり、これは先輩の事件じゃない。弁護団に入った以上、おまえの事件になるんだ。その覚悟が本当に持てるのか」ということだったと思います。

　実は、本当に成長できる人とそうでない人は、ここで分かれると思います。先輩の名前が並んでいると、若い弁護士の中には、「これは先輩の事件で、自分は先輩の事件を勉強しているんだ」という感覚になる人がいますが、これは間違っています。己の事件だという覚悟が必要です。

　2つ目は「時間」です。これは大事です。弁護団に入りたい人は、暇でなければいけません。それはそうです。「神山先生、この裁判の弁護人をぜひ一緒にやらせてください」「そうか。明日接見できるか」「明日は……」「あさっては？」「いや、ちょっと事務所の都合で」「では、次は？」「いや」「ほとんど接見は俺やないの。おまえは何してんの、おまえは」となってはいけません。

　弁護団会議が月1回程度行われます。事務所の事件が忙しいとか、ほかの事

件が忙しいとか、優先順位を間違うと、どんどん離れていきます。そうなると、誰も信頼してくれません。少なくとも、「自分は、この事件に力を懸ける。そのためにボスの承諾も得た。ほかは犠牲にする」というぐらいの覚悟が要ることは間違いありません。

　3つ目は「自由」です。弁護団員心得の中では、これが一番大事かもしれません。発想が自由であることです。まず、先輩に口答えしてください。先輩に口答えしないのは、何の役にも立ちません。先輩に口答えできるようになるのは、なかなか厳しいです。

　ただ、先輩は、知恵を求め、活動を求め、能力を求めています。従って、「神山先生、これ、違うんじゃないですか。これは、こう考えるべきじゃないですか。神山先生、これ、やりました？」「いや、それ、やったよ、俺だって」「でも、ここまでやりました？」「いや、そこまでは確かやってない」「そこまでやらなきゃ駄目じゃないかと思いますけど」「そうか。じゃあ、やるか」というように、「ああでもない、こうでもない」と口答えができなければ駄目です。

　弁護団に入ったときには、得意分野をぜひ持ってください。得意分野で活動したほうが絶対に得です。例えば、現場へ行って調査をするチーム、記録を精査するチーム、誰々さんに会ってインタビューしてくるチーム、実験するチームと分かれるときに、自分の得意分野にさっさと手を挙げてほしいと思います。一番駄目なケースは、「言われたことは何でもします」。これは最悪です。言われたことは何でもできません。自分の得意分野だったら楽しんでできますし、いい成果が出せます。不得意分野は、なかなかうまく身につきませんし、胃がだんだん痛くなります。

　私は、人に会うのは嫌いですので、それは一切受けません。その代わり、現場を調査してくるとか、記録を精査することは得意ですので、「やります」と言って一所懸命やります。オウム真理教事件を担当したときは、弁護団の中で全記録を読んだのは、きっと私だけでしたので、私のメモが公式的な記録として弁護団の中で使われていました。

　それぞれ得意分野がありますので、そこで頑張ってほしいと思います。

9. おわりに

Xは真犯人か

　では、Ｘさんは真犯人でしょうか。Ｘさんの弁護士だったら、どう言うでしょう。あのDNA鑑定等の証拠は、最後に膣内に射精した人はＸさんで、最後に体表をなめた人もＸさんで、少し広げて最後にセックスをした相手はＸさんだとまでは認定できるのかもしれません。しかし、Ｘさんが殺したのか、物を奪ったのか、強盗殺人の犯人かどうかということになると、あのDNA鑑定は何も語ってはいません。

　そうすると、もし優れた弁護士が付けば、「Ｘさんは、間違いなく最後のセックスの相手です。しかし、セックスをしたあとに別れました。別れたあと、第三者が来て殺したという可能性は、本当に否定できているんでしょうか。裁判員の皆さん、不確かなことで人を有罪にしてはいけません。彼が有罪になるためには、被告人がセックスをして去ったあと、第三者が登場したことはあり得ないということが立証されなければなりません。その立証はあったでしょうか」と言うかもしれません。そうなると、この事件は、また闇の中に埋もれてしまいます。

　しかし、真実を暴くということは、それぐらい難しいことです。そして、真実を暴くには限界があります。なぜなら、私たちは神様ではないからです。神の目から見たり、本当に何があったのか、タイムマシンに乗ってさかのぼって答え合わせをすることはできません。しょせん、現場に残された証拠を丹念に集め、多くの人から話を聞き、「彼が犯人で、どんな動機で、こんなふうに殺

したんだ」と推測を立てるしかありません。そして、その推測に対して徹底的に相反する立場、180度違う立場から攻撃を受けますが、そのことに耐えられたものが真実と見なされます。これが裁判です。

正義は必ず勝つ

「正義は必ず勝つ」と偉そうなことを書きました。私は、子ども時代、仮面ライダーやウルトラマンを見てヒーローに憧れていましたので、正義は必ず勝つとずっと思っていました。しかし、どんどん大人になるに従って、「まあ、そんなふうにうまくいかないもんさ」と思うようになりました。

そのときに出会ったのがゴビンダさんの事件です。15年間苦労しましたが、2012年に勝つことができました。裁判官の中には、「『勝つ』、『負ける』という言い方をするな」と言う人も居ますが、私は、あえて「勝つ」と言わせてもらいましょう。この事件が60歳近くなった私に教えてくれたことは、「子ども時代に見た夢は決して幻ではない。真実は、やがては勝つ。だから、諦めるな。」ということです。

今なお冤罪であることは間違いないと私自身が思っている事件で、たくさん勝つことはできていませんので、偉そうなことは言えません。しかし、足利事件やゴビンダさんの事件で、真実はどこかで明らかになるという経験をしてきました。

冤罪事件で戦うことは、極めてやりがいがあります。ただ、負け続けるということは、冤罪が行われ続け、人権侵害がずっと続くということです。しかし、諦めてはいけません。真実は、最後にどこかでほほ笑んでくれるという思いで、これからの弁護士生活もやっていきたいと思います。

皆さんも、これからいろんなつらい事件、苦しい事件、困難な事件に出合う

かもしれません。そういうときには、「ああ、神山先生がゴビンダさんの事件の話をしていたな。あんなにつらくても、最後は、ちゃんと勝ったじゃないか。あれで、神山先生はすごく喜んでいたよな」と思い出して、「よし、諦めないで頑張ろう」と思ってもらえれば幸せです。ありがとうございました。

（かみやま・ひろし）

＊本稿は、2017年12月の講演をもとに再編集したものである。

勝どきを　行きつ戻りつ　冬の月

2000年12月22日、夜、帰路で勝どき橋を渡るときのものです。

東電ＯＬ事件（東電女性会社員殺人事件）で被告人に対して、東京高裁が逆転有罪の判決を言い渡した日です。

橋の途中で動かず、しばらく月を見上げていました。

悔しさ、持って行き所のない怒り、これからどうするんだという不安、月を見上げるしかない自分がいました。

勝どきを　渡りきったる　夏の風

2012年6月8日、朝、往路で勝どき橋を渡るときのものです。

東電OL事件（東電女性会社員殺人事件）で、被告人に対して東京高裁が再審開始の決定をした翌日です。

事件を受任して15年余のことが走馬灯のように浮かびました。

「ここまで来た」という想いが口からもれたものです。

第3章

【座談会】
司法研修所の刑弁教育改革を振り返る

水上　　洋　^{弁護士}

北川　朝恵　^{弁護士}

神山　啓史　^{弁護士}

左から、北川朝恵弁護士、水上洋弁護士、神山啓史弁護士。

神山　今回、「司法研修所の刑弁教育改革を振り返る」として座談会を行う趣旨は、司法研修所の刑事弁護教育（刑弁教育）を改革したことを大きく広報したいということにあります。この改革を何のためにやったかというと、若い人たちに「今、刑事弁護をやるときには、ケースセオリーを確立することが大事です」ということを理解してもらう目的でもあります。

　水上さんを呼んだのは、私と一緒になって、お互い苦労しながら変えていこうとした経過を知っているからです。北川さんに来てもらったのは、二弁（第

二東京弁護士会）で誰を呼ぼうかと考えましたが、私と一緒に合議していないからです。私や水上さんがやったことが今、本当にどうなっているのかを知っているのは北川さんです。私たちが変えた後に教官になって、変わったものを踏まえた教官業務を1年やって、今の教官室がどうなっているかを語ってもらえるのではないかと思った次第です。

今日、二弁で一緒に教官をやった水上さんと、私が退いたあと、今、教官をやっている北川さんに来てもらって、司法研修所の刑弁教育が今どういう状況であるのかについて話をしたいと思います。

1. 変化の道程

○何を、どのように変えたか

神山 司法研修所の刑弁教育は、私が2014年に67期から教官となってから、大きく変革しました。何をどのように変えたのかという概略をおさらいしておきますが、大きく3つ変えました。

1つ目は、記録です。振返り型記録から見通し型記録に変えました。つまり、従来は、一審の弁論が終結して、証人尋問調書や被告人質問調書が綴られていて、ただ、論告と弁論がないという振返り型の記録をもとに、弁論を起案させていました。それを、公判が始まる前のところで記録が終わっていて、検察官の請求証拠、開示証拠、弁護人が収集した証拠が綴られていて、さらに被告人の言い分メモがついているという見通し型の記録をもとに、公判でどういう審理、証拠調べが行われるかを想定して弁論を準備する、想定弁論を起案させることに変えました。

2つ目は、講評です。例えば「供述の信用性を判断するポイントは6つあります」という講義の形式から、日弁連が行っているブレーンストーミングという方式に変えました。この供述を信用できる方向の事実としてどんなものがあるかを全部挙げる。逆に、信用できない方向の事実を全部挙げる。信用性を否定する最も大きな事実は何か、信用性を肯定する最も大きな事実は何かということを修習生に考えさせていこうという方式です。

みずかみ・ひろし　1968年生ま
れ。司法研修所第47期修了。刑
事弁護教官（2014年4月～2017
年3月）。

きたがわ・ともえ　1971年生ま
れ。司法研修所第57期修了。刑
事弁護教官（2018年4月～）。

水上　そのとおりだと思います。

3つ目は、採点基準です。これまでは何でも
かんでも書いていけば、基本的に関連性があっ
て、被告人に有利なことであれば、一応点数に
なるというものでした。しかし、何でもかんで
も書くというのは、今の裁判員裁判の時代にな
じまないだろうということで、核心を突いてい
るものには点数を与えるが、核心を突かないも
のには加点しないというものに変えました。

　このように変えましたが、現状の72期もこ
のままですか。

北川　はい、そうです。

○なぜ、変えたのか

神山　次に、なぜ変えたのかということです。
従来の問題点としてずっと言われてきたことで
すが、そもそも他人がやった尋問を見て弁論を
書くのは実務的に通常あり得ないことで、それ
はおかしいだろうということと、裁判員裁判が
始まって、争点整理がされて、ケースセオリー
を確立して公判に臨むということが言われる中、
そういう方向の教育を司法研修所でもしなけれ
ばいけないだろうということです。そうするこ
とによって、弁護士になった後に受ける日弁連
や単位会での研修と連携が取れるようになりま
す。水上さん、変えた理由は大きくはこの2つ
ですか。

○変えるにあたっての苦労は

神山 そういうことで、私や水上さんが教官になった67期から、これを一所懸命変えようとしましたが、私はものすごく苦労したという記憶しかありません。一緒にやっていた水上さんはその中にいましたが、水上さん、変える過程はどんな印象を持っていますか。

水上 まず、刑弁教官室が起案のあり方について悩み続けてきたことは間違いないと思います。昔から振返り型記録に基づいて弁論要旨を起案させることが続いてきましたが、弁護実務とかけ離れているのではないか、変えなければいけ

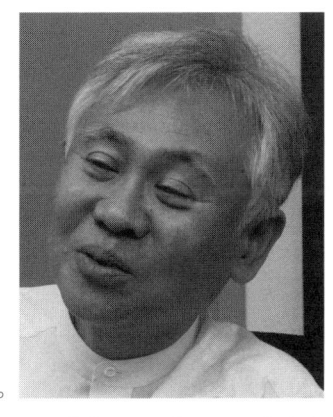

かみやま・ひろし　1955年生まれ。司法研修所第35期修了。刑事弁護教官（2014年4月〜2018年3月）。

ないのではないかという問題意識を持つ教官はかなり以前からいらっしゃって、ただ、どう変えたらいいのかを悩んでいたのだと思います。

神山 なるほど。

水上 そして、60期代前半から、振り返り型記録に基づく弁論の一部起案を始め、小問を加える工夫も行われました。また、公判前整理手続の弁護活動として、検察官請求証拠に対する意見や予定主張を起案させるため、見通し型の記録が使用されました。ただ、弁論の一部起案については、色々な意見があり、66期（2013年）には振返り型記録による弁論の全部起案に戻りました。刑弁教官室が悩みを抱えながら起案のあり方を考えていた時代が続いたのだと思います。

神山 ああ、そうでしたね。

水上 採点基準についても、いつの頃からか、修習生が、「チャリンチャリン起案」と言うようになりました。書けば書くほど「チャリンチャリン」と音がなって点が入るということのようです。ただ、その弊害も、当時の刑弁教官室は問題意識を持っていたと聞いています。そのような中で、2014年4月に神山先生や私たちが教官となりました。このときは67期用として振返り型記録に

基づく弁論要旨の全部起案が4本（A班2本、B班2本）用意されていました
が、神山先生が合議で大きい声をあげて、合議の早い段階で、各班、振返り型
記録に基づく弁論の起案1本と見通し型記録に基づく想定弁論の起案1本に切
り替わりました。

　当時の上席教官だった設楽あづさ先生（47期）が、改革を試みながら苦労
されてきたからこそ、1本は見通し型に変えてみようということで、比較的す
んなり切り替わったのではないかという印象です。私は、このとき何と柔軟性
のある教官室かと思いました。神山先生の記憶ではいかがですか。

神山　私は、1本が見通し型に変わったときは、水上さんと同じでしたね。「や
っぱり、言ったらちゃんと変えてもらえるんだ」と思いました。しかし、そこ
からが苦労でした。2つの苦労がありました。

　1つ目は、「変えて、修習生が本当にまごつかないんですか」、「起案のルー
ルを決めなければいけないんじゃないでしょうか」と言われたことです。実は、
その言葉自体にまごつきました。なぜかというと、当時もう既に日弁連の研修
で新人弁護士を相手に行っていましたし、法テラスの研修で新人弁護士も相手
にして、見通し型記録による起案をやっていました。ところが、新人弁護士は、
別に何の苦労もなく、「ああ、そうですか」とやってくれていたわけです。別
に修習生は何も困らないのにと思いました。

　2つ目は、起案1本は見通し型に変わったけれども、起案を2本とも見通し
型にするにはかなり苦労したということです。

水上　1つ目については、刑弁教官室として出題して採点する以上、一定のル
ールを作らないといけないのではないかという問題意識だったと思います。2
つ目について、67期は振返り型の弁論起案1本、見通し型の想定弁論起案1
本というところまではスムースに決まりましたが、68期のカリキュラムを検
討する際、見通し型2本でいこうという教官と67期と同じでいこうという教
官に分かれました。そして、結局は、67期と同じく、振返り型1本、見通し
型1本のままとなりました。

　振返り型1本、見通し型1本がよいという意見の理由は、幾つかありました
が、大きいのは二回試験（司法修習生考試）の問題でした。詳しく言えません

が、それは一理あると思いました。

神山　私も、水上さんが言われた理由が一番印象に残っています。ただ、「え？」と思ったのは、「振返り型の弁論起案でも十分意味があるでしょ」と言われたことです。「何の意味があるんですか」と聞いたら、「あらためて記録を検討して、どうあるべきかを考えるんだから」ということでした。でも、それは、控訴趣意書なら分かるんですけど、弁論というのは他人の尋問を聞いて書くなんてことはあり得ません。弁論を自分で考えて、そのために自分で主尋問したり反対尋問したりするわけだから、それはどう考えても役に立たないという思いでいました。

　また、既に辞めた刑弁教官から話を聞いたときは、「今の終結記録に基づく弁論起案は、無罪判決となった事件の記録が基になっている。刑裁教官室は基本的には有罪判決しか書かせないから、刑弁の起案で無罪判決起案の練習をさせてるんだ」とも言われて、「ああ、そういう発想なのか」と思いました。でも、それは弁護の教育ではないと思ったのを、今でも覚えています。

　そういう苦労は色々とありましたが、その次の69期以降は、見通し型記録2本となり、振返り型記録は廃止しました。でも、今の教官も、自分たちが修習生の時に受けた教育とは違うでしょう。

北川　違いますね。

神山　「昔に戻そう」という議論はありますか。

北川　全くないですね。今の刑弁教官室は、刑事弁護をきちんとやっている人たちが選ばれていて、合議でも最先端の議論をしていますので、そういうことは全くありません。

神山　かなり苦労はしたけれども、結局、全部うまく切り替えられたのは何でだと思いますか。

北川　2本とも見通し型記録に変わったのが69期ということですが、68期はまだ駄目だったんですね。

水上　69期は神山先生が上席教官になったときですね。神山先生に物申す人がいなくなったとき。

神山　実際、そうだと思います。ただ、誰かがやらなきゃいけないと、私は教

官になったとき、そういう仕事をしに行くんだと思ったところがありました。「神山が行って変えられなかったら、俺はどんな評価を受けるだろうか」という心配までしていました。

水上　68期で2本とも切り替えることに反対の理由として、67期ではA班1本、B班1本の見通し型を実施して、一応うまくいったが、本当に大丈夫か、修習生にきちんと周知されているのか、という意見がありました。しかし、実際、68期もA班1本、B班1本を実施した結果、何の問題もないことがはっきりした。2本とも変えて問題ないだろうということが教官室内で共有されたことも、大きかったと思います。ところで、神山先生が教官になって違和感を覚えたことにはどんなことがありますか？

神山　まず、合議が長いということです。何でこの人たちはこういう議論をしているんだろうと。分かりませんでした。そして、仕方がないと思いました。つまり、下地になっている刑事弁護の経験が違うし、例えば公判前整理手続をやった経験が薄いとぴんときませんね。想定弁論といったときだって、公判の審理を想定するということ自体、イメージできていない人もいました。

　私たちは、ケースセオリーを確立するということをずっと教えられてきたわけで、裁判というのは、まずゴールが決まっていて、そこへ持っていくためにどうするかを考えるということが大切です。裁判員裁判の導入と同時に、そういう教育の研修を受けましたが、幸いにして、私は、それ以前にやっていた事件も、優れた先生たちと弁護団を組んでいたから、当然、勝つためのストーリーを考えさせられていたので、そういう意味では、すっと入ってこれました。

　「古い刑事弁護の考え方」と言ってはいけないだろうけど、いわゆる「弾劾」という考えがあります。検察官の証拠を「弾劾」していけば足りるんだということが言われていた時代でしたが、ケースセオリーを考える、ストーリーを考えるということが、なかなかぴんとこなかったのが意外でした。

水上　そんな話は当時もされていましたね。

○変えたことは知られているか

神山　このように変えましたが、その後、色々な所に呼ばれて、私も「変えま

した、変えました」と頑張って言ってきたんですけど、一般の弁護士はこれを知っているんですかね。

北川 『NIBEN Frontier（二弁フロンティア)』（二弁の広報誌）にももちろん書いてありますし、刑弁に興味のある人には周知されていると思います。ただ、刑事弁護に興味のある人がどれだけいるかという問題もあるので、弁護士4万人といったら、まだほとんど知られていないのが現状だと思います。

神山 北川さんは現役の教官なので、自分が持っているクラスの地域に意見交換会に行かれていると思いますが、意見交換会の地元の司法修習委員会の弁護士たちの間ではどうですか。

北川 私はまだ教官2年目ですが、これまでの教官が「ここは変わっているんですよ」と説明はしているので、何となく周知はされています。ただ、修習委員会もメンバーが代わるので、毎回説明して、「あ、そんなことになってるんですか。僕のときと全然違います」っていう反応が、まだ半分ぐらいあります。

あと、私は愛知が担当でしたが、愛知は刑弁の先進地なので、修習委員会もすごく追い付いてきているので、「当然、そうですよね」という感じですが、他の研修地とかへ行くと結構びっくりされて、「ああ、そんなに記録変わっちゃってるんですか」みたいな話はあります。

神山 修習委員会が今のように周知徹底しないというのは何ででしょうか。例えば、修習委員会の委員はもちろんころころ代わりますよね。

北川 教官室は、毎年きちんと行って、資料も渡して、「こういう授業をやっています」と具体的に示してやっています。その捉え方によって、「それを活用して、私たちの地元でも新人研修に使おう」と言ってくれる所もあるでしょうが、聞いて「はあ？」で終わってしまう所も結構多いから、定着しないのかなと個人的には思っています。地域格差があるという感じです。

神山 私や水上さんは上席、次席として日弁連の修習委員会にも参加していましたが、日弁連の修習委員会の周知の仕方もあまり徹底していませんでしたね。

水上 刑弁教官室の変革については、刑弁教官室として2016年9月28日付「弁護実務習に対して望むこと」というペーパーを作りました。

神山 作った、作った。

水上　刑弁教官室でかなり力を入れて作ったものです。このペーパーには、刑弁教官室の指導方針として、ケースセオリーを確立する弁護活動の指導を行うことや、見通し型記録による指導を行っていることなど、分かりやすく書いたつもりです。その上で、弁護実務修習に対して望むこととして、個別修習にあたってはこういう指導をお願いします、合同修習についてはこういう点に留意してくださいということを書きました。そして、このペーパーを配布して、各地の修習委員会との意見交換を積極的に行い、伝えていきました。また、ダニエル（藤田充宏（53期））教官が『NIBEN　Frontier』2016年10月号に「司法研修所刑弁教官室の現在」という記事を書きました。できる限りの広報をしようということで、やっていました。

神山　私も一所懸命やろうとして、日弁連の中にロースクールの先生方と意見交換する委員会か何かがあります。ロースクールの刑事関係の先生たちを集めた会で、「研修所をこういう風に変えていますから、ロースクールの先生方もそういうことを意識して教育してください」と言ったことがありました。

水上　そうでした。刑弁教官室の教育を修習生に分かりやすく伝えるために、「刑事弁護の手引」も作りましたね。

神山　修習生に配布している「刑事弁護実務」は、やっぱり古いです。時代とともに少しづつ改訂してきたけれども、基本的な思想は変わっていない。刑弁教官室がケースセオリーを確立して公判の審理を想定する弁護活動を教えるとすれば、根本から変える必要があります。けれども、歴史ある「刑事弁護実務」を抜本的に改訂するのはちょっと無理なので、全く別物を作ろうということで、水上さんと相談して、「刑事弁護の手引」を作り上げました。私たちの教育のエッセンスの資料として、修習生が簡単に読めるものにしようということで、20ページ程度のものです。今、二弁に来ている合同修習で聞くと、ありがたいことに、みんな手に持っていますね。「刑事弁護の手引」を見ながら、「あ、ここに書いてありますわ」とか言いながらやっているので、そういう意味では、今の教育を教えるための修習生への一つの支えになっているのかなと思っています。

水上　「刑事弁護の手引」のコンセプトは、刑弁教官室の指導内容をコンパク

トにまとめる、網羅的な内容にはしないで、必要に応じて修習生に書き込んでもらう、というものですね。

神山 はい。各弁護士会の修習委員会にも配付しています。二弁に聞いたら「指導担当弁護士全員に配付している」と言っていました。

水上 コンセプトや構成の検討を進めた上で、原稿の作成は2017年のゴールデンウイーク中でしたね。

神山 これはもう大変だったね。

水上 私は教官3年の任期を終えて、神山先生は居残りの4年目教官をしていたときでした。その後、刑弁教官室で議論して修正して「刑事弁護の手引」が出来上がったと聞いています。

北川 先ほど水上さんが言われた「弁護実務修習に対して望むこと」は、必ず意見交換会の資料に入れて、47都道府県の修習委員会に渡して、これに基づいて、刑弁教官が実際に説明しています。「刑事弁護の手引」も配布して、「これでやっています」と説明しています。「今は『刑事弁護実務』は使っていません」とも言っています。

神山 そうそう。「刑事弁護実務」は読まないでください。

北川 ただ、やはり根付く度合いは各地で違いますよね。

神山 なかなか難しい問題があります。実は、私なんか本当に偉そうに教官になって、しかもどう考えても一番年配ですから、偉そうにものが言えましたが、考えてみると、教官の人たち、あるいは元教官の人たちの中には「自分たちが受けてきた教育が間違っていたということを神山は言っているんじゃないか」と思った人がいるのかもしれません。私は「俺たちが受けた教育がそもそも間違ってんじゃないか」と思ってやっていましたから、そういう意味では、少し偉そうに言い過ぎたかなともふと思っています。

北川 いや、そんなことはないと思います。

水上 それぞれの時代に、それぞれの教官や指導担当者が、修習生に対して一所懸命やってきたことは、間違いありません。

神山 そうそうそう。

水上 見通し型記録による想定弁論の起案も、公判前整理手続が導入されて、

刑事裁判が変わったことによって実現できた面があります。実務が五月雨に公判を開いて、検察官立証が弁護側立証に応じて追加されるような時代では実現しにくい。裁判員裁判によって実務が変わったことの影響が大きいと思っています。

神山 まさにそうですよね。今、水上さんが言われたことを踏まえて言うと、だから変えたかったんです。実務が変わっていくのに、刑弁教官室が動かないという状態に、正直言っていらいらした私がいたことは間違いありません。

　だからこそ、35期で、どう考えたって教官としての適齢期を過ぎているのに、「教官になりませんか」と言われたとき、「ならせてもらえるんだったら、喜んでなります」と思ったエネルギーは、きっと水上さんが言われたように、刑事裁判そのものが変わってきているのに、何で教官室が変わらないんだという思いだったことを思い出します。

２．改革後の刑弁教育の現状

○変えたあと教官になった感想

神山 さて、今、こうやって変えてきて、北川さんは、変えたあと教官になって、実際教えているときの感想ですが、やってみてどうですか。

北川 修習生はロースクールとか予備試験で入ってきて、知識は多少あるけれども、実務の流れは全く分からないような状態です。例えば、弁護人が不同意と述べた後どういう流れになるのかすら分からない状態です。想定弁論は、その辺を想像しながらやっていかなければいけないので、最初どうかなと思いましたが、そういうものだというふうに導入から教えているから、意外と素直に「ああ、刑弁っていうのはそういうものなんだな」とすっと入ってきているという感じはします。

　ただ、修習生は流れが分かっていないので、例えば「甲５号証の被害者の検察官調書を不同意にすると、当然、証人として出てくる。出てきて公判で調書の内容を証言するのを想定して書くんだよ」というのをまず想像できないから、いきなり起案をやらせると、「どうやって引用すればいいんですか」みたいな、

「甲5って書いていいんですか」みたいな、「それはいいんだよ。そういうものが想定弁論なんだから」と。だから、最初にルールをきちんと説明するようにして、「想定弁論のルールというのは甲5と書いていいんだ」と言うと、「あ、そういうことなんだな。想定弁論の教官が求めているのはそういうことなんだな」というのを分かってくれています。

　ただ、導入修習は3週間しかなくて、実際は土・日の休みを抜かすと15日しかありません。それで5教官室で割ると、3日間ぐらいしかなくて、他の教官室とのコラボ科目もありますので、時間が全然ありません。だから、刑弁独自でどう書くかというのを教える時間がほとんどなくて、「とにかく接見でいっぱい被疑者の言い分をよく聞くんだよ」ということぐらいしか教えられなくて実務に放り込むので、実務の8カ月の間で巻き戻ってしまって帰ってくる人がほとんどです。

　実務修習の時の指導担当弁護士が、教官みたいな人がいればいいですが、大体は「指導担当から『被告人が認めてるんだから、何で同意しないの？』みたいなことを逆に質問されました」みたいな感じなので、本当に戻ってしまいます。だから、集合でまたそれを巻き直すというのが、今、一番苦労していて、それが多分教官の共通認識かと思います。

神山　この前も新人弁護士を相手に、法廷弁護技術研修をやって、ブレストをやりましたが、面白い感想の人がいました。「今やもう研修所でブレストをやってますから、何も珍しくもありませんでした」と書いてあって、やっとそういう時代になったのかと思いますが、ブレーンストーミングって授業で一応見せますよね。

北川　全教官がやっています。

○修習生の反応は

神山　そのときの修習生の反応はどうですか。

北川　楽しんでいると思います。ただ、何でやっているかという目的が、時間もないので、説明がどこまでできるかにもよります。有利な事実・不利な事実を出させて、一番弱いところとか強いところをまず出して、「検察官はここを

言ってくるよね。じゃあ、どうしようか」ということから考えさせます。その説明に割く時間があまりなくて、「じゃあ、ブレストやってみよう」みたいな感じになっているから、ブレストのやり方をもう少し改善しようというのは、教官室で今ちょうど検討しているところです。

神山 水上さんはどうですか。教官をやって教えていたとき、この新しいやり方での教育をしていたときの修習生の反応とか、教えやすさ、教えにくさとか。

水上 ブレストについては、北川さんが話されたのと同じような感想です。起案のルールについては、見通し型記録に基づく想定弁論を始めた67期のとき、教官室内でいろいろ議論しました。公判の証拠調べの想定の仕方や証拠の引用の仕方について検討しましたが、実際に修習生の起案を見ると、ルールはそれほど気にしなくていいということがあり、ルールが簡略化されていったことが記憶に残っています。

神山 そうなりましたね。

水上 それから、採点基準について、起案の点数がほしい修習生はこれまでチャリンチャリン起案でやってきたけれど、想定弁論では書くことが少なくて戸惑う、という質問を受けたことがありました。

神山 ああ、書くことが少ない。

水上 67期の頃はまだ網羅的な弁論を書く修習生が一定数いましたが、講評した後は、書いても意味がないということが伝わって、15ページなら15ページの範囲で書くことが浸透していったと思います。

神山 今、ページの話が出ましたけども、これも大事なことです。私や水上さんが入ったときは、刑弁起案は30ページとかありましたね。

水上 そうですね。多いと40ページとか50ページ。

北川 えー、採点したくない。

神山 ある意味、それは熱心といえば熱心だけれども、チャリンチャリンの弊害でした。

水上 人を説得する方向ではない。想定弁論の起案では、起案枚数の目安を示しましたが、与えられた分量の中でいかに説得的に論じるかを教えることの大切さをあらためて思います。

神山 そうそう。今の刑弁起案は何ページぐらいですか？

北川 15ページです。ほぼ固定しています。

神山 私や水上さんの時代に、目安を「何枚程度」と書こうというふうにやって、今、それが踏襲されて15枚程度ですか。15枚だったら、それこそ大事なことを書かないと、もう終わってしまうということなので、そういう意味では、方向性は非常にいいと思います。修習生から不満は出ていないですか。

北川 出てないですね。

神山 「もっと書きたいんです」とか。

北川 むしろ「書くな」と言っています。「法律家なんだから、『15枚程度』というルールを守れ」と言って、「30枚とか書いたらどうなるか分かるよね」みたいなことを事前に言っておきます。

神山 その教育は大事です。裁判員裁判になって、検察官も弁護人も裁判官も、どこが大事かを見極めて、訴訟を進行します。どこが大事かを見極めるための時間をゆっくり持って考え抜いてほしいというメッセージは、非常に大事だと思います。水上さんは教官時代のこととして、ほかにありますか。

水上 集合修習の模擬裁判の印象があります。各地で実務修習が終わって、和光に戻って集合修習のとき刑事模擬裁判を行いましたが、弁護側チームが、クラスによって、網羅的な反対尋問をして長大な弁論を行う方針のときと、ストーリーをしっかり考えてポイントに絞った反対尋問をして、簡潔で説得力ある弁論を組み立てる方針のときに分かれていたことが印象的でした。

和光で教えているのは間違いなく後者ですが、各地で受けた実務修習の影響が強くて、「我々はこういう刑事弁護を学んできました」というチームは、模擬裁判では、確信犯的に網羅的な弁護活動を行います。そんなことを思い出しましたが、神山先生はいかがでしょうか。

神山 全くそのとおりです。私は、これからの課題として一番大事なのは、実務修習の古さをどう改善するかだと思っています。

北川 本当にそうですね。

神山 私は、実務修習は民事弁護だけやればいい、刑事弁護をやるからおかしくなると思っているぐらいです。

先ほどの話と連動しますが、今の刑事弁護はこういうものだということが弁護士全体の中にうまく浸透していません。指導担当弁護士はおおむね古い先生です。しかも、古くやってきて何の問題も生じていないので、そういう指導になってしまいます。そうすると、刑弁教官がどれだけ導入修習で教えても、実務修習で古い刑事弁護を見て、そういう指導を受けてきてしまうと、それはそうなると思います。そこが一番大きな悩みです。

水上　古い刑事弁護の具体例をあげていただけますか。

神山　大きく3つあります。私が各地に行ったときに文句を言われたベスト3です。1つ目は、捜査段階の黙秘です。「何を言ってんだ」と怒られます。

北川　ああ、そうですね。私も「研修所は、やはり黙秘をしろと教えるんですか」と言われます。

神山　2つ目は、被告人質問先行です。乙号証については、刑裁教官室の『プラクティス刑事裁判』(法曹会)でさえ、弁護人が乙号証に同意しても不採用、撤回で終わっている記録なのに、どこへ行っても「乙号証に問題がなければ採用してもらえばいいじゃないか」、「何でそんなことも含めて被告人質問しなきゃいけないんだ」ということを修習委員の先生たちに言われます。なかなかつらかったですね。

　3つ目は、絞り込みです。どこの地域でも「神山さんはそう言うけども、何でたくさん書いちゃ駄目なんだ」、「弁論ではたくさん書いたほうがいいじゃないか」と言う人がいます。

北川　今も言われます。量を書かないと「裁判所がどこまで取ってくれるか分からないが、取りあえずマックス書くのが弁護士の仕事じゃないか」という考えの人が多いと思います。それはその場で反論しますが、そういう考え方の先生が多いと、修習生も「いや、研修所じゃこう習ってるんで、僕はこう書きます」となかなか言えない人が多くて、「指導担当のいうとおりに書いてきました」みたいなことを集合で聞いたりとかすると、残念だなと思います。

　ただ、修習生に対しては、巻き直しする機会があるので、集合修習のとき、「おそらく実務で、君たちはこうなってきただろうけれども、これから巻き直すからね」というふうに、教官室の方では指導していこうと思っています。

神山 そういう点で、私は、67期から教官ですが、68期（2014年12月）から導入修習が入ったんです。今でも覚えていますが、67期の集合修習で、私が今のようなこと言うと、「いや、先生、そんな実務はありませんでした。先生の言ってることは間違ってるんじゃないですか」という目で見られました。

　ところが、68期になって、まず導入修習で「理想的な弁護はこういうものだ」と教えるわけだから、実務修習に行っても、導入修習で教えたことが頭にあるから、割と批判的な目で見てくれます。仮に実務修習で影響を受けても、北川さんが言われたように、集合修習での巻き直しができる。

北川 そうですね。

神山 導入修習で教えておいて、また集合修習でということで、そういう意味では、導入修習が68期から入ったのは、刑弁教官室の改革には非常にラッキーだったと思っています。

北川 だと思いますね。いきなり実務修習に入れられたら、「あれがスタンダードだ」って多分刷り込まれてしまうので、なかなか難しいと思います。

神山 水上さんは、教官時代のことでほかにありますか。

水上 逆のパターンの話をしますが、修習生が導入修習で習った考え方を各地の弁護実務修習で発揮して広めるという方向がありました。

　実際にクラスの修習生と指導担当弁護士の先生から聞いた話ですが、公判前整理手続中に、修習生何人かにチームを組ませて、調査や議論をさせて想定弁論を作らせた上で、公判に臨んだそうです。その先生自身、修習生の未熟な点を指摘しつつも、公判審理前にケース・セオリーを確立することの重要性について、とても勉強になったと話されていました。

神山 理想だと思います。私は、当時、各地に行ったとき案を出していたのは、水上さんが紹介した方法です。要するに、1人ずつではなく、3人とか4人とかグループを組ませて、その地域で刑事弁護をできる他の弁護士のもとで指導を受ける。そのチームが議論しながら、自分たちでケースセオリーを考え、どういう弁論をし、どういう主尋問、反対尋問をするのかを考える。議論に議論を重ねて、最後のペーパーは修習生それぞれが出してよい。それが一番勉強になる。ただ、今、水上さんが言われたように「これをさせてみました」という

のを聞いたのは、あまりありません。

水上 この方法は「弁護実務修習に対して望むこと」にも簡潔に書いてあります。広まっているとよいのですが。

神山 修習生にグループを組ませれば、各地それなりにやれる先生はいるだろうということで、やったらどうかと思っています。ただ、そうなると、抱える先生に負担が行くとか、色々なことを言われるとつらい。しかし、普段は刑事弁護を全くやっていない、修習担当として修習生を取ることになったから国選弁護を義務的に受ける、そういう国選弁護を司法修習生に見せることに、どれだけ価値があるのか。やはり、そういう方向にもっていくべきだと思います。検察庁はグループ制をとっている。それが一つの案だと思っています。

水上 実務修習の内容がそれぞれで、平準化することも難しい中、どうしたらよいかということは、刑弁教官室を越えて考えなければいけない課題ですね。

○変革は引き継がれているか

神山 さて、刑弁教官室の中で、私や水上さんがやってきた変革は引き継がれていると先ほど言われましたが、その後どうですか。今、北川さんたちが現にやっているときには、どういう動きですか。さらに、こういう方向というのはもう出ていますか。

北川 想定弁論で教えることはほぼ定着しているので、そこは固いです。新しい方向性としては、71期から量刑を書かせる起案を取り入れました。

神山 なるほど。

北川 A・B２班で起案は２本ずつありますが、１本は量刑にしました。実務的にも量刑を論じる事件が多いので、そこはやっておかないといけないだろうという話で、去年は苦労して量刑の記録を１本ずつ作りました。

神山 私と水上さんの代では、徐々に小問を入れるようにしましたよね。

水上 そうですね。ケース・セオリーを確立する弁護活動という観点からの小問と、刑事弁護人としての基本的な能力・技術という観点からの小問を入れるようにしていました。

神山 今は小問はどんな感じですか。

北川　昔から当然入っていると思っていました。

神山　小問を一度入れた時代もありましたが、私や水上さんが教官になったときは、完全に戻って弁論だけになっていました。それはどうだろうということで、67期からは小問を1問入れ、2問入れという時代でした。

北川　今は小問を4つ位入れています。保釈を入れたり、証拠意見を述べさせたり、あとは尋問の異議ですね。尋問例を挙げて、どこに異議を述べるべきかみたいな、実践的な小問を出したり。今のは主尋問異議ですが、書面を示す尋問についても小問を出しています。かなり高度だとは思います。

神山　日弁連の法廷弁護技術研修で物を使った尋問というかたちで訓練していますが、そういうものを先取りしてやっているんですね

北川　そうですね。やっています。

神山　刑弁教官室としては、もちろん弁論が大事だけれども、それ以外に、いわゆる法廷弁護技術的な主尋問、反対尋問というものについてもかなり力を入れて教えるようになってきているんですかね。

北川　そうですね。課外講義としても反対尋問を毎年やっています。私が刑弁教官室に入ってからですが、今年もやる予定です。起案の講評では、時間の関係上、反対尋問の技術をなかなか教えられないので、どうしてもはみ出た時間でやるしかないので、課外を設けるようにしています。

神山　今のを聞くと、私なんか非常に嬉しくなってきます。私たちの時代は量刑弁護を入れたかったけれども、そこまではなかなか行きませんでした。

水上　当時、神山先生が「量刑は、中途半端に教えるくらいなら教えない方がいい」と言っていたことを思い出します。

北川　刑裁教官室が量刑を「プラクティス刑事裁判」とかできちっとやっていますが、実務でも量刑事件が多いので、刑弁教官室もやらざるを得ないと考えています。ただ、量刑だけの事件ではなくて、手のひらで押したのか殴ったのかに争いがあるような事件を素材としたりしています。15枚以内ということで、修習生も絞り込んで書くのに苦労していますが。

神山　量刑は、絞り込むという点でも非常に勉強になると思います。これまでの実務は、量刑事実をだーっと羅列して、ともかく被告人が２０代なら何でも

「若い」と必ず書くということをやってきた。けれども、それは本当にこの事件で意味があるのか、ないのかを吟味検討して、意味があるなら述べるし、意味がないならそれを述べても仕方ないだろうと。そういう議論は、修習時代からやっておくと、実務について、あるいは実務について研修を受けたときの取り組み方がだいぶ違うと思います。

北川 そうですね。

3. これからの課題

○その他の変革は

神山 これからのことをお話します。先ほど実務指導の古さの話が出ましたが、今後どういう方向に変革していったほうがいいのか、これはもう未来展望ですが、黙秘を原則にしてきたことはやってきましたが、私ができたものは、他教官室とのコラボ科目を増やすとか。教官室の相互交流も増やしましたが、他の教官の授業を聞くこと。これも昔はタブーでした。それを私の方で勝手に「見させてください」と言い始めて、見て話をするようになって、「じゃあ、もうお互いに見てもいいことにしますか」ということになりました。

北川 今もやっています。

神山 昔はありませんでした。北川さんが話した課外講義も、私が入った時代は、司法研修所の事務局が硬くて、させてもらえませんでした。

北川 そうなんですか。

神山 当初は「黙認」的なところから始まって、今や課外講義は、誰も文句を言わなくなりました。それから、私が出たあと、刑裁教官室、検察教官室、刑弁教官室の3教官室で勉強会が始まっていますよね。

北川 去年から始まりました。

神山 あれは、活気というか目的というか、どうですか。

北川 すごくいいです。同じ事案を使って、刑裁ならではの意味合いと重みという、いわゆるあれをみんなで教官にあてさせたりしてやるのと、あと、この前、検察教官室が主催したのは、補充捜査をどう考えるとか、まだやっていま

せんが、今度は刑弁です。

　他教官室はこういう視点から事案を見ているなというのは、教官同士が非常に新鮮で、「教官同士がこれだけ分からなかったら、修習生は分からないよね」ということに気付いて、むしろ今年からは、刑裁と検察と刑弁で同じ刑事系だけれども、視点は違うところから見ている、ただ、目指すところは同じだけれども、着目点が違ってくるというのをどこか早い段階に修習生に伝えないと混乱するのではないかという視点から、一番最初に集まるときに、3教官室が集まって15分でもいいから、それぞれの立場、見方をレクチャーしたらどうかというのを、今、始まったばかりです。

水上　面白い試みですね。

北川　やるかどうか分かりません。ただ、15分で語られるかという問題があって、逆に、「中途半端になるからやめたほうがいいんじゃないか」とか、「いや、それでもやったほうがいい」という意見がちょっと分かれていますが、そういう話にはなってきています。

神山　いや、私は、その話を聞いて本当にうれしくて。

水上　いったい誰が始めたんでしょう。

神山　種をまいたのは私だけど。

北川　でしょうね。

神山　ちゃんと始めてくれると思わなくて。種をまいた功績で、私は今も出席させてもらっています。

北川　ああ、そうそう。いらっしゃいますね。

神山　やっぱり、同じ刑事系を教えていて、しかも裁判員裁判時代になって、例えば、裁判が終わったあとに反省会なんかもある時代ですから、法曹三者が相互に教育についても意見を言って、相互に何を教えているのか知ることは非常に価値があります。あれは、本当にいい伝統として、今後も続けてもらえればいいと思います。こういうことはやってきましたが、今後、さらにこういう方向性が何かもしあればという話は、水上さん、何かありますか。

水上　民弁教官室と刑弁教官室の連携は、一つのテーマだと思います。刑弁教官室は、刑弁カリキュラムも刑事3教官室の連携も強化されましたが、民弁教

官室と刑弁教官室の連携はどうなんだろうと。

神山 そうか、なるほどね。

水上 民弁教官室と刑弁教官室のカリキュラムの連携を検討するには、司法研修所を卒業して弁護士になる人たちにとって、法曹に共通して必要とされる能力は何か、民弁教官室と刑弁教官室は何を教えるべきかといった協議をすることが前提となります。例えば、事実の収集、事実の分析、説得的な表現という中で、事実の収集については、民事弁護は刑事弁護と違って多様な事件があって、それに応じて様々な収集活動があるとか、民事裁判と刑事裁判の尋問技術を比較するとか、そういった協議はあってよかったのではないかと思いました。

神山 なるほどね。今、水上さんのを聞いて、確かに、それはやり残した一つだと私も思いました。私は、検察と刑裁の授業は全部見ましたが、民事の授業はあまり見ていません。ただ、民事交互尋問だけは全部見て、私もコメントさせてもらいました。

北川 ああ、そうですか。

神山 見る前は、ひょっとして民事交互尋問での民弁教官や民裁教官の教え方が刑事と違うのではないかと心配していました。ただ、全く一緒でした。事実を聞けということであり、評価をぶつけて本人をいじめても何の意味もないと、民事でもきちんと言っていました。ただ、気になることが二つあって、一つは、民事の実務修習の尋問を見てきているから、修習生が、言いっ放しの尋問だとか、いじめている尋問を気持ちよさげにやるわけです。「ということは何々ですね。終わります」とか。

北川 ありがちで分かります。修習生はやりますね。

神山 それを聞いて、こんな風にみんな見てきてるんだと思って、それは愕然としました。

水上 民事交互尋問で修習生にコメントした内容をご紹介ください。

神山 民事と刑事の証拠の違いです。普通の刑事事件は、ある日突発的に事件が起こって、証拠は事件が起こったあとに作られます。その証拠を吟味をする尋問が刑事事件ですよね。民事は、概ね人間関係がずっとあって、何かが起こったとき証拠になるのは、既に存在している書証です。だから、意味合いがか

なり変わってきます。そういうことも含めて、総合的な尋問みたいなものを考えるのは、大きな意味があるのではないかと確かに思いました。

水上 視野を広げると、修習期間が1年で足りるのかという議論もあります。今の修習生は、和光では導入修習も集合修習も非常に詰め込んだカリキュラムとなっているし、実務修習では一つ一つの生の事件に接する時間も短くなっています。制度の問題になってしまいますが、1年では足りないのではないかと思っていました。当時は、「2年は長いけれど、1年6カ月はあった方がよい」とか「少なくとも1年4カ月はほしい」といった意見を言われる教官が多かったように記憶しています。

神山 今の点は、以前も水上さんと話したことがあります。ただ、もし1年しかない、これが延びないとすると、1年でやれることは何か、つまり、いわゆる司法研修所を卒業させるとき何を獲得しておけば卒業させていいんだということの想定をきちんともって、それを1年でやれることを考えるという発想が必要だと思います。

水上 そうですね。「弁護実務修習に対して望むこと」を作っているとき、神山先生とそんな議論をしていましたね。

神山 今は、何を獲得すれば卒業できるのかがはっきりしていないわけです。抽象的なことは書いてありますが、ぴんときません。「1年では時間がないわけだから、これとこれとこれしかできないでしょう。逆に言うと、これとこれをやっておけば、法曹資格を与えるには十分だと判断しましょう」ということを考えないといけない。さらに言うと、法学部の教育ではここまで、ロースクールの教育ではここまで、司法研修所の教育はここまで、という長い道程の中で考えなければいけない。ただ、私たちのこの座談会で答えが出るようなものではないし、誰かがこれを引き継いで考えてくれればいいなと思います。

水上 日弁連として取り組むべき課題についても、当時よく議論しましたね。

神山 日弁連が本当に真剣に考えなければいけないのは、司法修習生の指導態勢をどうするかです。どの地域にも満遍なくやること自体は賛成ですが、それぞれの地域の中で、私たち弁護教官が行っても「神山先生、厳しいことを指導担当に言わないでください」、「ともかくお願いをしてやってもらっている、そ

ういう単位会ですので」と言われると、なかなかつらいですよね。

北川 そうですよね。

神山 だから、本当にそういうような指導態勢でいいのかということを考えないといけない。

水上 神山先生は、弁護実務修習では刑事弁護を義務的に行わなくてもよいという考えですね。

神山 そうです。もちろん、指導担当弁護士が刑事事件がよくできて、それを見せるのは構わないと思うけど、一律に刑事事件を1件取らせて見せなければいけないということは、現状をみると、良くないと思っています。

○教官の確保は──研修と裁判員事件名簿登録を要件に

神山 もう1つは、教官の確保の問題です。北川さんがいみじくも今は刑事弁護が分かっている人たちがいるからと言いましたが、今後、教官の確保をどうしていくかということです。教官の確保で、これはもうお二人にそれぞれ意見を聞こうと思っています。

水上 実力十分の方々が現れてくると思います。その方々に、今後10年を見据えてしっかりと組み立ててもらいたいと思います。

神山 北川さんはどうです？

北川 60期以降は人材豊富と言われていたので、実はあまり不安はありません。

神山 私が教官になった後、日弁連の弁護士推薦委員会に言いに行ったのは、こういう時代になっているから、日弁連あるいは各地の単位会でやっている法廷弁護技術研修、裁判員を前提とした研修を受けている人で、受けていれば、その単位会が作っている裁判員裁判事件用の名簿に登載されているでしょうと、そういうのを条件にしてほしいと、少なくとも、そういう研修を1回も受けていないとか、裁判員裁判の登録をしていないということでは無理でしょうと。今、日弁連は、刑弁教官についてはこの要件を一応クリアさせてもらうようにしています。

　ただ、各単位会の意見を聞くと無理が出ているようで、60期以降が教官になれる時代に入れば、人材はまあ豊富だから、何とかなると思います。

北川　それから、教官に関する情報が少なすぎて、みんな不安だという問題はあります。いきなり電話がかかってきて拉致されるみたいな、そういうのはやめてほしい。「研修所はこういうことを教えていて、だからあなたにやってほしいんだ」みたいことを具体的に教えてあげたら、やってみたいという人が増えるのかなと思います。

神山　刑弁教官の業務をオープンにした情報公開ですよね。私でさえ知らなかった。私は知らなくても別にいいと思ったけど。最後に、これから教官になる人たちに、あるいは次になってほしい人たちに、メッセージを言ってもらおうと思っています。

水上　月並みで恐縮ですが、後進の育成に熱意をもってあたってほしいと思います。

北川　教官はやっぱりすごいやりがいはありますよね。こういう時代で、裁判員が始まって10年たって、自分ももがきながらやってきている中で、教官会議の中でとても高度な話がたくさん出てきます。「ああ、そういう視点があるのか」とか思って、合議で自分自身が結構勉強しているところがあります。それは私だけかもしれませんが、そういう意味で、自分のスキルアップにもなっているというのが、1年間やって分かりました。

　もちろん、修習生に教えるのが仕事ですが、これは多分、自分のためになっているなと。3年間やったら相当力がつくと思っているので、やっていただければ幸いです。でも、思ったより時間がすごく取られて大変です。

水上　弁護教官は年間千数百時間を修習生のために費やしているようですね。

北川　計算したんですか。

水上　私は計算していませんが、1200時間とか1600時間と言っている人がいます。教官を終えて振返ると楽しい時間ばかりですが。

北川　それから、やっぱり1年間は少なすぎるので。A班・B班廃止論というのがあって。司法修習生をA班・B班に分けるのをやめて、選択型実務修習を廃止するというものですが、A班・B班をやめると起案の数も絞られて、もっといい記録ができるし、講評にも時間をかけられるのに、A班・B班で記録を4本作らなければいけないという話で、そこに労力を結構割かれているところ

があります。教官はじくじたる思いがあって、A班・B班廃止論は昔から言われていると思います。

神山 と思いますね。

北川 それで、この前、卒業した民弁教官が最後の言葉を教官会議の席でみんなの前で言いましたが、そこでA班・B班廃止論をぶちあげてて、みんなで拍手、「そのとおり、廃止しろ」みたいな感じになりました。

4．まとめ

○神山の夢——修習生による刑事弁護の改革

神山 私の夢は、これは司法研修所の教官時代に最後の挨拶で話したことですが、私は今の全国の刑事弁護はかなりレベルが低いと思っています。それをどうするかというと、修習生に優れた刑事弁護を教えて、修習生が全国に散らばっていきますから、この修習生を使って全国を変えていきたいと思っています。

　私たちの力がどれだけあるか分かりませんが、司法研修所は1つの組織であり、法曹のほぼ全員が司法研修所を通過するわけですから、そこできちんとした教育がされていけば、教育の伝搬力というのは優れているだろうと。そういうかたちで全国に67期以降の人たちが入っていく中で、刑事弁護がどんどん変わっていけば、こんなにいいことはないと思っています。

水上 神山先生は、67期から71期まで、何クラスを担当されましたか。

神山 全部で8クラスです。

水上 1クラス60人から70人として、ざっと500人以上ですね。

神山 教え子から「自分は刑事弁護を全くやる気はなかったんだけれども、今は一所懸命やっています」とかいう話を聞くと、それは嬉しいですね。何を教えたと偉そうなことは言えませんが、刑事弁護を一所懸命やっている姿を見せられたこと、一所懸命やる価値のある仕事だということを見せられたことは、非常に良かったと思っています。多くの弁護士が一所懸命やっているのは何でかという、そういう姿が修習生の目に映れば、その意思は十分に伝わっていくのではないかと思います。

今日はどうもごくろうさまでした。

水上　ありがとうございました。

北川　ありがとうございました。

神山　いやいや、しかし、よく変わったな。こんな話ができる時代になるとは、思ってもいませんでした。

（了）」

あこがれに　あこがれ続け　あこがれる

人を成長させるのは何か。

「あこがれ」だと思います。

人によって映画の１シーンかも、小説の１場面かもしれません。

「自分もこうなりたい」というあこがれです。

第１に、あこがれを持つことです。

あこがれがあれば、近づこうとします。

第２に、あこがれ続けることです。

あこがれ続けていれば、努力、精進、を継続できます。

第３に、今この瞬間あこがれていることです。

あこがれていれば、今も崩れません。

「あこがれに　あこがれ続け　あこがれる」私はこうしてきました。

「異議あり」と　ひびく法廷　立ち姿

「なぜ刑事弁護士になろうと思ったのですか」とよく聞かれます。

高校生の時に、Ｅ・Ｓ・ガードナーという作家の書いた、「弁護士ペリーメイスンシリーズ」（82巻）という法廷推理小説を読みました。

検察官の尋問に対して、「異議あり、誘導です」と立つ姿にあこがれました。

「これをしたい！」と思いました。

本屋へ行き、『受験新報』という雑誌を手に取りました。

弁護士になるためには司法試験を受けること、受かりたければ、中央大学法学部へ行き真法会に入ること、と書いてありました。

そのとおりしました。

司法試験をがんばれたのも、事件でがんばれるのも、あこがれの立ち姿があったからです。

　今もなお、「異議あり」と言って立つ姿は、「夢舞台」です。

がんばれよ　言うても聞かん　するのなら

　両親には感謝するだけです。

　両親の望みはことごとく裏切りました。

　公務員試験ではなく、司法試験を受けました。

　検察官ではなく、弁護士になりました。

　民事弁護ではなく、刑事弁護をしました。

　金をもうけず、仕送りをしませんでした。

　結婚もせず、子供もつくらず、介護もしませんでした。

　両親は、私が「言っても聞かぬ」子だとあきらめてくれました。

　そして、それでも好きなことをするのなら、その代わりがんばれよと言ってくれました。

　今あるのは、両親のおかげです。

名張あり　尽す仕事に　限りなし

　「これからどうするのか」と問われたら、こういうと思います。

　名張事件の雪冤ができていません。

　「これができないで死ねるのか」と思います。

　晴らさなければならない冤罪は他にもあります。

　ただ、名張事件の弁護団に参加したのは1989年です。

　30年かかっても期待に沿えていません。

　その悔しさ、心苦しさは格別です。

　冤罪は一度受任したら晴らすまで、最善努力義務を尽くし続けるもの。

　そんな覚悟を忘れないために。

1　法廷に立つ醍醐味とやりがいを感じて欲しい、そして「憧れ」をもち続けてほしい

聞き手

趙　　誠峰　弁護士

久保有希子　弁護士

虫本　良和　弁護士

1．刑事弁護人の役割

趙 神山先生は刑事弁護だけを専門にしていらっしゃいますが、モットーはありますか。

神山 僕が弁護士になった頃は、刑事弁護人のあり方について、被告人を親、兄弟、子どもと思えというのと、弁護人は適正手続を守ればよいのであって、被告人に対する思い入れはいらないという、大きく2つの考え方があって、僕は性格的に後者だなと思いました。被告人への思い入れは、自分にはちょっと重たい。だから、適正手続をきちんと守ることに徹する。その代わり、徹する部分については一生懸命やらなければいけないと思いました。

趙 ということは、わりと冷静な感じで弁護活動をしているんですね。

神山 仕事として関わるわけなので、所詮その人間の全人生に関わることは無理ですよね。だとすると、限界があるような気がするんです。それを乗り越えるのは、僕は、どこかで不遜だと思ってしまう。

　だから、一生懸命弁護活動をする姿を見てもらって、本人が「あの先生、一生懸命やってくれたから、少しはまじめになろうか」と思ってくれればラッキーであって、「まじめになれよ」と言うのはおこがましいんじゃないかと僕は思うんです。

　結局、僕らは法律の手続に詳しいおじさんやおばさんというだけで、別に人格が豊かなわけでも人間として優れているわけでもないですから。逆に被疑者や被告人は、いろんな人生経験をしていますよね。僕みたいにほとんど苦労なくとんとん拍子にきて弁護士をやっている、そんな人間が偉そうに話ができるとはとても思えないです。

趙 そうすると、「反省させる」というのもあまり好きではないですか。

神山 「反省したほうがいいんじゃないか」とは言いますけれど、結局は本人の考えることなので、それ以上は言いません。「反省したほうが得だと思うんだけどね」ぐらいです。

虫本 本人が「やっていない」と言っているけれど、証拠上はかなり疑わしい

という場合には、どのようにコミュニケーションをとるんですか。

神山　僕は、ある程度信頼関係ができたところで、「こういう証拠があるんだけれども、あなたの話では説明がつかない。本当はどうなの？」とはっきり聞きますね。そうして彼の説明がもうひとつ納得できないままでも、「わかった。その代わり、絶対にあとで変えるなよ」と言います。それでちゃんとついてきてくれれば、きっと本人が言っていることは間違いないだろうという感覚です。

　本人が迷っていて、「認めたほうがいいんじゃないの？」と言ってほしがっていると思ったら、そうは言わずに、「徹底的にいこう。とことん争うぞ」と言います。そうすると、たいてい「考えます」という言葉が返ってきます。

　これはオウム事件のときに学んだんですけれど、被疑者は「しゃべったほうが、君は有利になるぞ」という圧力をかけられるわけです。弁護人としても、本当にやっているんだったら、素直に認めたほうが刑は軽くなるという意識はあるけれど、本人が踏ん切りがつかずに黙秘しているとしたら、「黙秘権は権利なんだから、とことん頑張れ」というふうに逆の圧力をかける。そういうふうにバランスをとるのも弁護人の仕事だと思うんです。一方的な圧力だけがかかると、自由な判断を失う可能性があるでしょう。

虫本　神山先生は、被疑者に黙秘させるときでも、捜査官に会いに行くとうかがったことがあります。そういうバランス感覚というか、「こうしたらどうなるか」という先を見通す感覚みたいなものが、個人的には神山先生の弁護スタイルの真髄なんじゃないかと思っています。

神山　確かに、これまでは、どんなときでも必ず捜査官に会いに行っていました。事件を処理する権限があるのは検察官ですから、早くからコミュニケーションをとっておくべきだと思っていたからです。認めている事件であればいい方向に持っていきたいし、認めていない事件なら釘を刺しておきたいという思いがありましたから。

趙　神山先生は、裁判官とも良好な関係を築いていらっしゃるように見えます。

神山　僕は、判・検・弁が、立場が違いつつも相互に信頼をしていて、ともかく間違った審理はしないということで一致しなければいけないと思っています。信頼関係がないと、ささいなことで変にいがみ合って、結局は被告人が置いて

きぼりになってしまうんじゃないかと思うんです。

その信頼関係はどうやって作るのかというと、足繁く会いに行き、顔を合わせて話すことだと僕はずっと思っていたので、公判前整理手続がない時代から、ほとんど進行協議の申入れをしていましたし、事前に裁判官や検察官と会って話をしていました。

そして信頼関係ができたら、事件が終わってからも会えば話をしましたね。裁判官や検察官の考えを情報として入手するのは大事だと思うし、弁護士はこういう点に悩んでいるのでこういうことをしているんですということをわからせたいというのもありますね。たとえば、黙秘をしている被告人が裁判官の前に来たときに、「なぜ黙秘なんかしているんだ」という態度で臨むのと、「この事件では黙秘の弁護はあるな」という感覚で見るのとでは、かなり見方が変わってくると思うんですよね。

久保　今でこそ、黙秘をさせるという方針の弁護士も増えてきたと思いますが、昔はそういう考え方の人がほとんどいなかったなかで、神山先生はどうして黙秘をさせるようになったのですか。

神山　いくつかの事件で、本人はよかれと思って一生懸命弁解をして、調書にサインもしてたんです。僕は、調書にサインをさせないという方針だったんだけれど、本人が「間違いないですから」と言うので止められなかった。そういう弁解調書がたくさんできて、その調書があるために被告人の弁解が信用されず有罪になるという経験をしました。それから、弁解であってもしゃべることは危険だと思うようになって、もう一切しゃべらせないのが一番いいとどこかで思ったんでしょうね。

実際問題として、僕は、確かに自白調書をとられたことはないんだけれど、あとで本人に聞くと、「実は、いろいろしゃべりましたけど、サインはしていません」とか「サインした調書があっても心配ありません」と言われたことはたくさんありました。けれど、弁護士が「ともかくしゃべるな」と言い続けることに意味があると思っています。

オウム事件でも、本人が「言いたい」と訴えるのを、僕は「あとで後悔したらどうするんだ」と止め続けた。実際にはやはりしゃべっていたようですが、

止め続けたことで、調書の内容は争うものにはなりませんでした。

2. 一審の公判弁護

趙 捜査弁護、一審公判、控訴・上告、再審など、さまざまな刑事弁護をされていますが、どれが好きですか。

神山 僕は、一審の公判が一番好きです。すごく緊張するのですが。

趙 今でも緊張するのですか。

神山 します。そう見えないらしいけれど、裁判員裁判で冒頭陳述や弁論をしているときには自分で足が震えているのがわかります。

でも、この頃気づいたのは、「僕は、緊張しなきゃだめなんだ」ということです。緊張が僕のパフォーマンスを高めているようです。この頃そういうふうに割り切るようになりました。

久保 神山先生は、弁論のためにすごく綿密に準備をされるとうかがっていますが、どんな感じで事前準備をされるのですか。

神山 ものすごく練習します。僕は、刑事法廷での弁護人の振舞いは古典芸能に通じるものがあると思うんです。要するに、同じ型の練習を積み重ねて本番に持ってきて、ライブには見えるけれど、絶対にアドリブはしないという、そういうものだと思っていて、ちゃんとした芸を見せるのが裁判員に対する礼儀だと思っているわけです。

趙 アドリブはないんですね。

神山 僕はないですね。

趙 でも、法廷で予定どおりいかないこともたくさんあると思うんですけれど。

神山 確かに不測の事態には弱い。ただ、不測の事態はほとんど起こらないですね。ほとんど想定の範囲内です。

趙 事前にありとあらゆる予測をしておくからですか。

神山 そうです。これは東電OL事件[*1]を一緒にやった石田省三郎弁護士から学んだことのひとつです。石田さんは、僕らが見ても大先生だけれど、全部シミュレーションしています。「神山くん、これをやったら、裁判官はどう言うだろうか」と僕らにも聞いてきたりして、「どう答えようかな」と言いながら、ちょっとしたメモを作っているんですよね。やはり、そこまでシミュレーションしてやっているから、法廷で堂々としているわけです。

3. 東電OL事件

虫本 神山先生は、ものすごくたくさんの難しい事件をされていると思いますが、これまで一番印象に残っている事件は何ですか。

神山 1つ挙げるなら、やはり東電OL事件です。当番弁護士で別件逮捕時から接見をし、再審無罪になってゴビンダさんがネパールに帰るまで、弁護士として一部始終に関わったので、この事件は自分がやったという感覚が残っています。

趙 何年でしたか。

神山 ちょうど15年です。

虫本 一番つらかった時期はいつですか。

神山 再審を起こした2005年から2009年まで何の動きもないときが一番つらかったですね。

それから、無罪をとったあとで勾留が続いたとき。あれは落ち込みましたね。あのときほど正義を守らなきゃいけないと思ったことは、なかったんじゃないでしょうか。

本人は当然「帰りたい」と言っているし、無罪を言い渡された人間が母国から引き離されて、しかも母国には奥さんと娘さんがいるわけですよ。弁護士と

---

*1 東電OL事件 1997年3月に東京電力の従業員だった女性が東京都渋谷区丸山町のアパートの空き部屋で遺体となって発見された事件。容疑者となったネパール人のゴビンダ・プラサド・マイナリ氏は否認し、2000年4月14日の第一審では無罪となったが、同年12月22日の控訴審では無期懲役、2003年10月20日に最高裁で上告が棄却され確定した。その後、2012年6月7日に再審開始が決定され、同年11月7日に無罪が確定した。

してこの仕事をしていながら、結局、自分は何の役にも立たない。それがつらかったですね。

趙　再審が動き出したきっかけは何だったのですか。

神山　足利事件[*2]の再審開始決定が出て、DNA鑑定が引っ繰り返ったことです。DNA鑑定について、こちらでも請求していて、高裁の裁判官が、「足利事件のことがあるから、弁護人が求めているDNAの資料は、今どこにどういうかたちで保管されているか報告されたい」と検察官に言ったんです。

　それは、足利事件の佐藤博史弁護士も言っているけれど、やはり裁判員裁判が導入されつつある司法改革の影響があったのだと思います。

趙　具体的にはどういう影響ですか。

神山　再鑑定できる資料があるにもかかわらず、それをしないまま決着をつけたら、市民から「なんでしないんですか」と言われると思ったのではないかと。そういう市民感覚への配慮じゃないでしょうか。

久保　すごく長い闘いだったと思うのですが、その再審の長い期間をずっと頑張れたエネルギーは、どこから来たのでしょうか。

神山　弁護団だったというのは大きいと思います。1人でやっていたら、絶対に潰れていると思う。弁護団で、少なくとも月1回ぐらいはどこかに集まって、ほとんど進展しないことに愚痴をこぼしながらも、このへんをちょっと調べてみようかとか、こういうことをやってみようかと、続けていられましたから。

　それから、その弁護団の編成がよかったというのもあります。さまざまな年代の弁護士がいて、さらに再審になってから55期の弁護士も入ってくれたので、新鮮なメンバーが入ってくると、やはり話は盛り上がるんですよ。古いメンバーだけだと、繰り返しになるから。

趙　再審事件もたくさん手がけられていますよね。

神山　僕は、岡部保男弁護士から「再審なんてつらいに決まっているんだ。つ

---

*2　足利事件　1990年5月に栃木県足利市の河川敷で女児の遺体が見つかった事件。容疑者となった菅家利和氏は否認したが、1993年7月7日の第一審で無期懲役、1996年5月9日に控訴棄却、2000年7月17日に最高裁で上告が棄却され確定した。その後、2009年6月23日に再審開始が決定され、2010年3月26日に無罪が確定した。

らいものをつらいと思ってやったら、絶対にいい知恵は出てこない。だから、再審弁護団は楽しくなければいけない」と言われて、それがずっと頭に残っています。

　だから、弁護団を活性化するために若い人を入れて、その人たちが入ったときに、いろんな意見を自由に言ってもらえるようにすることは心がけましたね。

　たとえば名張事件[*3]は、新しい弁護士を毎年のように入れています。入るたびに現地に連れて行きます。そうすると自分自身もあらためて気がつくことがあったりもします。

4．オウム事件

趙　ほかに印象に残っている事件はありますか。

神山　僕にとっては、オウム真理教の幹部の弁護ですね。逮捕された瞬間から、死刑の可能性があることを承知で弁護をして、一審で無期になったときは、本当にうれしかったですね。それは、今でも忘れられません。ただ、結局は控訴審で引っくり返って、死刑が確定してしまったので、忸怩たる思いはありますけれど。

趙　一審ではどのような弁護活動をされましたか。

神山　マスコミ報道と実際の証拠を見比べると、「実体は相当違う」という感じだったんですよね。だから、地下鉄サリン事件の東京のリーダーだというレッテルを外すために、事実をとことん争いました。

　裁判員裁判が始まる前でしたが、事件が大きすぎることと、初めから求刑は死刑だとわかっていることもあって、何を不同意にしても文句を言われませんでした。だから、共犯者、鑑定人、被害者、遺族などは全部証人尋問しました。サティアンの現場検証、被告人の心理鑑定もやりました。

---

*3　名張事件　1961年3月に三重県名張市で起きた毒物混入事件。5人が死亡し、容疑者として逮捕された奥西勝氏は否認し、1964年12月23日の第一審では無罪となったが、1969年9月10日の控訴審では死刑判決、1972年6月15日に最高裁で上告が棄却され確定した。弁護団は7次にわたって再審請求をしたが、すべて棄却された。現在は第8次再審請求を申立中。日弁連が支援する再審事件。

趙 一般論として、最終的に有罪の事件であっても事実を争ったほうがいいという意見と、事実は争わずに認めて平謝りしたほうがいいという意見とがあると思いますが、先生はどう考えますか。

神山 やはりきちんと争ったほうがいいと思います。「事実を争って、それが通ればいいけれど、負けたときには量刑で跳ね返ってくる」と言う人もいますが、大事なのは、弁護人として裁判所に対して「私は本気でこの主張をしています」ということを伝えることです。本気ではなくパフォーマンスとして言っていると思われるとよくないと思います。

久保 それは裁判員裁判でも同じですか。

神山 裁判員裁判こそ、そうじゃないですか。やはり、「あの先生、本気で言っていませんよね」となったら、信じてもらえません。それは、絶対に大事なことだと思います。

5．裁判員裁判

趙 裁判員裁判の時代になって何が変わりましたか。

神山 事実認定について言えば、圧倒的によくなっていると思います。それは、「疑わしきは被告人の利益に」の原則に従ってルールどおりやっているからです。刑事裁判は、事件ごとに頭を真っ白にして、ルールどおり認定をしなくてはいけません。でも、裁判官をずっと続けていると、なかなか頭を真っ白にすることができなくなる。そこに市民が入ることで、ルールどおりに進めざるをえなくなります。覚せい剤事件であれだけ無罪が出てくるというのは、その結果だと思います。

久保 それは裁判官だけでは難しいでしょうか。

神山 僕は、裁判官として優れているかということと、その人が正しく事実認定ができるのかということは、別だと思うんです。優れている人でも間違うというのが事実認定の怖さなんです。だから、裁判官に求められるのは、ルールに誠実に、検察官・弁護人に対して職権的ではなく、当事者にある程度自由にさせる度量だと思います。当事者をまったく信頼しないで、自分でどんどん進

めていくというのは、裁判官としては失格だろうし、それは優れていない。

趙 そういう意味で言うと、優れている裁判官に裏切られることも、たくさんありますよね。

神山 だから、僕は、正義に反することは許されないけれど、事実認定については、間違いがあることは仕方がないと思っているところがあります。

趙 ただ、結論が先にあって、事実が見逃されていると感じることは多いです。それはどうにかならないでしょうか。

神山 人間には思い込みがありますからね。思い込みの怖さというのは、どれだけ証拠を冷静に見られるかというところで、弁護士にだってある。

　1人でやっていると、証拠の見方というのは偏ってきますよね。人間というのは、どうしても自分に都合のいい証拠が大きく見えてくるし、自分に都合の悪い証拠は視野から外れてしまうわけですよね。そうならないために、多様な物の見方が必要になってくる。裁判員裁判は、市民が入ってくることでそこが期待できるように思います。

趙 その裁判員裁判をさらによくするために必要なことは、何かありますか。

神山 1つは、弁護士がもっと頑張ることだと思います。僕が裁判官と話してよく言われたのは、「力は検察官が圧倒的に上だぞ。そうならないように裁判所が口を出しているんだ」ということです。それに対して僕は、「弁護の力がなくて負けたら仕方がない。裁判所が口を出すよりも、弁護士が自分で力をつけていくことが、長い目で見れば刑事裁判をよくするんです」と言っていたけど、力のない弁護人に担当された被告人はたまったもんじゃないですよね。だから、弁護人はみんな力をつけてほしい。そうすれば、裁判所も口を出さなくなってくると思います。

　もう1つは、せっかくこの裁判員裁判で、求め続けてきた公判中心主義や集中審理が、日の目を見ているわけじゃないですか。これは一般の事件にもできるだけ早く浸透させていきたいですね。そのためには、裁判員裁判は特別で、他の事件は「まあいいや」というのではだめだと思います。たとえば、事実に争いがなくても不同意にするとか、あるいは、被告人質問をきちんとして乙号証の採用をさせないとか。そういうことを普通の覚せい剤自己使用事件でやっ

ていくべきだと思う。そして最終弁論は、裁判所に注意されようが、前に出て
いってやる。そういうことをしていかないと、刑事裁判はよくならないと思い
ます。

6. 刑事弁護は面白い！

趙　神山先生にとって刑事弁護とは何でしょうか。

神山　憧れですね。人間のエネルギーはどこから出てくるかというと、僕は憧
れの強さだと思うんですよ。僕は、高校生のときにペリー・メイスンに憧れて、
刑事弁護士になろうと思ったんです。力が弱くていじめられっ子だった僕でも、
これなら勝負できると思った。そして、うれしいことに、実際になれたわけで
す。一応、無罪もとることができたし、なんといっても好きな刑事弁護ができ
て、それを他人からも評価されるようになってきて、いわば、思いどおりの人
生ですよね。

　その憧れの強さは、今も衰えていません。孤立無援の被告人を背中に背負っ
て、何もない荒野を巨大な権力の壁に向かって闘いを挑むというのは、ロマン
です。やはり自分は法廷で輝いていたいと思います。

趙　これだけの経験をされている神山先生から「憧れ」という言葉が出てくる
のはとても新鮮ですね。先生の今後の目標は何ですか。

神山　僕には、最後にどうしても勝たなくてはならない事件があと１つ残って
います。それが名張事件です。これだけは、僕の命のあるうちに再審無罪をと
りたいと思っています。

趙　抽象的なことではなく、具体的な目標があるんですね。では、最後にこの
本を読みながら刑事弁護に奮闘している若手弁護士に伝えたいことはあります
か。

神山　僕は、今の若い人が羨ましいです。僕の時代は、裁判員裁判ではなかっ
たから、30年いろいろと苦労をしてきた。しかし、今はもう、弁護士になっ
たときには裁判員裁判がある。こんな羨ましいことはありません。

　裁判員裁判では、弁護人の腕がよければ、市民が共感をし、こちらの主張に

沿う判決を出してくれる。せっかくそういう時代にいるんだから、法廷に立つ醍醐味、やりがい、そのために腕を磨くことの醍醐味、やりがいをぜひ感じてほしいし、そこに喜びをもってほしいと思います。そして「憧れ」をもってほしい。僕は、今も「あこがれに　あこがれ続け　あこがれる」ですね。

趙　ありがとうございました。

（了）

＊本インタビューは、『刑事弁護ビギナーズVer2』（現代人文社、2014年）の巻頭インタビュー「刑事弁護人列伝4」を転載したものである。

2 『「五・七・五」で伝える刑事弁護』の原点

聞き手

趙　　誠峰 _{弁護士}

久保有希子 _{弁護士}

虫本　良和 _{弁護士}

＊2019年5月31日　早稲田リーガルコモンズ法律事務所にて

左奥から、神山啓史弁護士、虫本良和弁護士、右奥から、久保有希子弁護士、趙誠峰弁護士。

趙　本日は『刑事弁護ビギナーズVer.2』（現代人文社、2014年）で巻頭インタビューをしたメンバーが再度集まって、神山先生について語り尽くすことになっていますので、よろしくお願いします。

神山　久しぶりに前のメンバーに集まってもらって嬉しく思っています。

1．刑事弁護を志した原点

趙 今日は、刑事弁護と神山先生との関係を幾つかのテーマでお聞きしたいと思います。最初のテーマとしては、神山先生が刑事弁護を志した原点とか、神山先生の若い頃のことについてお話しできればと思っています。そもそも神山先生が刑事弁護人を志したきっかけについて「五・七・五」でお願いします。

神山 そんなことも全て「五・七・五」の中に今回盛り込みました。「異議ありと　響く法廷　立ち姿」と書きました。高校生のときにE. S. ガードナーの書いたペリー・メイスンシリーズという法廷推理小説に出会って、82巻全部読みました。検察官の尋問に対して、「異議あり。誘導です」という立ち姿に憧れて、ともかく「これをしたい」と思った。これだけがしたかった。司法試験を頑張れたのも、こうやって皆さんにインタビューされる弁護士になれたのも、この立ち姿にずっと憧れ続けてきたからだと思います。今でも私は、そういう憧れを持っています。

趙 弁護士に登録されたのは何年ですか。

神山 1983年です。

趙 いざ弁護士になり、日本の法廷で刑事裁判をやるとなって、その憧れと実際に繰り広げられている刑事裁判とのギャップはありましたか。

神山 ギャップはすごくありましたね。法廷で的確な尋問がないと、「異議あり」もへったくれもないですからね。今から思うと、手を抜いた弁護をやっていても、誰からも叱られなかった。当時の刑事弁護はそれでもやれる仕事だったというのだから、今思っても、本当に冷や汗が出ますね。

久保 例えば、具体的にはどんな活動をされていたんですか。

神山 自白事件の場合には、弁論要旨は書いていませんし、適当に情状をメモに基づいて、第1点、第2点、第3点と言っていただけです。被告人質問の打ち合わせといっても、記録を読んだうえで、たった1回接見に行くだけだし、情状証人に至っては、当日、法廷に来てもらって、裁判が始まる前にちょっと打ち合わせをするくらいでした。

かみやま・ひろし　1955年生まれ。司法研修所第35期修了。刑事弁護教官（2014年4月〜2018年3月）。第二東京弁護士会所属。

むしもと・よしかず　1979年生まれ。司法研修所第61期修了。千葉県弁護士会所属。

それでもそれなりに法廷になっていて、それが今から思えばびっくりします。事務所の先輩から否定されたこともないし、叱られたこともない。そういうことでよくやれていたなとつくづく思います。

それが、いつ、なぜ、どこで変わったのかよく分かりませんが、当時から思っていたのは、私の弁護は、年を取るにしたがってまっとうになってきたなと思います。

2．大転換の切っ掛けはどこにあったのか

虫本　私が新人で桜丘法律事務所に入ったときには、最初から神山ゼミなどで、「こういうふうにやるんだ」ということを割と具体的に教えてもらえる環境がありました。それに、今は「ビギナーズ」とかマニュアル本もたくさん出ています。当時、多くの弁護人が今おっしゃったような弁護活動しかしていない中で、神山先生は、より高い水準の弁護活動をどうやって身につけていったんでしょうか。

神山　うまく言えませんが、どこか心にあったのは、「こういう仕事をやりたかったわけじゃない」というものだと思います。法廷で、「異議あり」とやりたかったわけでしょう？　だから、そういう法廷に何とかしたい。そうすると、法廷で本当の尋問をすべきではないのかと思いました。

それから、不服申立ての手段があれば、これは争うはずだとずっと思っていました。今でも思い出しますが、保釈を請求したけども、許可されなくて、「準

抗告しましょう。準抗告するんですね」と私が
先輩に言ったら、先輩から、「こんな事件で準
抗告はしないよ」とか言われて、「えっ、そう
いうもんなんだ」と思いました。でも、やっぱ
り、すべきではないかなと思って争いましたが、
通りませんでしたけどね。そんなことで、普通
の事件でも、争う手段が残っていて、争いたい
と思うんだったら、争うべきではないかという
ことがずっと心にありました。

久保 誰かが全然違う弁護活動を実践していて、
それに出会って変わっていったとか、そういう
エピソードがあるのでしょうか。

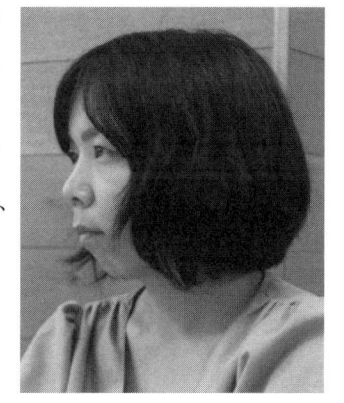

くぼ・ゆきこ　1982年生まれ。
司法研修所第60期修了。第二東
京弁護士会所属。

神山 大きく変わったのは、もちろん、高山俊
吉さんだとか石田省三郎さんに出会って、もっ
と深い弁護を目の当たりにしたからです。今言
った程度のことが自分の頭の中にあって、やっ
ぱり、やらなければいけないなと思いました。

　もう1つは、私自身、自分のことを褒めたい
という意識もどこかにありましたから、「人が
やっていないんだから、俺がやろう」みたいな、
そんな気持ちがありました。

趙　「自分がやりたかったのは、こんなのじゃ
ない」ということで、あるべき弁護活動を少し
模索し始めるというのは何年目ぐらいですか。

ちょう・せいほう　1980年生ま
れ。司法研修所第61期修了。第
二東京弁護士会所属。

神山　私は、豊田商事事件の被害者弁護団にい
たのが1986年からだから、弁護士になって4年たったぐらいです。その頃に、
豊田商事の被害者弁護団をやりながら、どうしてもやりたい刑事弁護を続けて
いました。その辺りからではないかな。

趙　神山先生にとっての刑事弁護の師匠というか、「この人の背中を見て育っ

た」という先生はどなたですか。

神山　これは、初期は間違いなく高山俊吉さんです。この前も対談してきて本当にうれしかったですが(本書88頁以下)、高山さんから学んだことは多かった。高山さんといろんな事件をやって、しばらく、自分もまっとうになったかなと思っていた頃に、今度、石田省三郎さんや丸山輝久さんと事件をやるようになって、またここで衝撃を受けました。やっぱり、まだまだ駄目なんだと思いました。

　3段ロケットみたいなもので、全然駄目だった時代があって、少しまっとうになったと思っていた自分が、まだ駄目だと気が付かされるという繰り返しがありました。

　さらに言うと、この頃の話だけど、今、若い人たちが、裁判員裁判時代で、法廷弁護技術を勉強しています。そういう人たちを見ると、ある意味、負けたくないなということで、慢心しようかと思う気持ちがたたかれたというのが、ちょうどいい時代ごとにあった気がします。

3．学んだ現場主義

趙　高山先生から受けた影響というのは、どういうものだったんですか。

神山　一番大きかったのは事件に対する姿勢ですが、もっと具体的に言うと、調査です。やたらやります。交通事故事件をたくさんやりましたが、まず、同型車を手に入れてから、現場に行って、同じ時間帯に同じ場所で運転を繰り返しことを何遍もやりました。

　高山先生はよく「弁護士は体感することだ」と言っていました。「自分で感じられなければ、それは弁護に絶対結び付かないので、ともかく体感をすることだ」と言っていました。

趙　なるほど。そのような現場主義の姿勢はその後の神山先生に引き継がれていますね。

神山　自分の弁護実践の柱になりました。だから、オウム真理教事件も、全てのアジトは見て回りましたし、全ての犯行場所も見ました。今でも私は、自慢

ではないですけど、例えば、覚せい剤実行使用事件を受けて、争いがなくても、打った場所は見に行きますからね。「あ、こんな場所で打っているんだ」とかを見たくなります。だから、事件を受けると、まずは現場を見に行くことが、1つはルーティンになりました。

4. 検察官・裁判官とのコミュニケーション

虫本 現場だけではなくて、検察官や裁判官とは、すごく密なコミュニケーションを取るというイメージがありますけど、その辺は、いつ頃からでしょうか。

神山 それは、高山さんや石田さんの弁護活動が教えてくれたことです。この2人の師匠の共通しているやり方の1つは、ともかく、裁判官、検察官とは非常に率直なコミュニケーションを取ることです。だから、何かあるんだったら、裁判所を直接訪ねて裁判官に面会を申し込んで、直接話をするということを当たり前のように2人はやります。

趙 なるほど。裁判官とか検察官との距離の取り方は、なかなか難しいところがありますね。仲良くなってしまってはいけないと思います。

神山 そうそう。

趙 刃が鈍るというか、言うべきことを言えなくなってしまうような気もします。だけど、必要以上に対立しなくてもいいのかなとも思いますが、その辺が難しいところです。

神山 私の師匠の2人は、今、趙さんが言ったことで言えば、無用な対立はしない。しかし、決して仲良くはなりません。何とも言えない、絶対に引かない一歩というのがあります。その面では、お互いに尊重はし合うけれども、ズルズルには絶対にならない。私なんかは、得てして、どちらかというと、無用な争いもしないけれども、何でも仲よくしたくなってしまう。そこは、ある意味、私の弱点です。それは、対権力に対しての姿勢に筋が一本通っていないのかなと思います。

虫本 純粋に好かれています。裁判官とか検察官になった人が神山先生のことを好きなんです。本当にファンが多いですからね。

神山 でも、ある意味、それは風見鶏的な自分の性格だとか、それから、子ども時代からずっといじめられていて、いじめられている人間がどうやって世の中をしのいでいくか、身につけた技ではないかと、本当にそう思っています。

5. 徹底した「公判中心主義」の実現へ

久保 そういった時代を経て、神山先生が具体的に実践するようになっていた弁護活動として何かありますか。

神山 調書は簡単に同意しないということです。さっき言ったように証人尋問をしたかったからです。ある日、今でも覚えているけど、どっかで銭湯に入っているときに、「こんな弁護では良くないんじゃないか。だから、やっぱり、全ての調書を不同意にしてみて、検察官が必要な証人を請求して、裁判所が調べる。特に反対尋問がなくても、やっぱり、そうすべきじゃないのか」とひらめいたんです。「こういう実践をしないまま弁護を終えていいのか」と思ったときがあるんです。

　でも、なかなかそこまで根性を持ってできなかったですね。でも、何やかんや理屈をつけて不同意にはしていましたけど、全部不同意するのが原則の法廷をやりたかったことは、ずっと夢だった。その夢を、季刊刑事弁護9号42頁（「原則は不同意―調書裁判克服の実践イメージ」）に書いた記憶はあります。

趙 ここに書いてある内容は、今いろんな研修でみんなが言っていることが、ほぼそのまま書かれています。

久保 「公判中心主義」という言葉は、この段階でもう出てきているんですね。読んでみて、すごくびっくりしました。

神山 いや、私も、これを指摘されて読み直してみて、「いいこと書いてるな」と思いました。

虫本 当時、どういう意識を持ってこれを書いていたかって覚えていますか。

神山 覚えている。常に、今言ったように、「やっぱり、本来あるべき姿は、こういうものだ」と自分が思っていた。ただ、それが日々の国選でなし得ていない自分に対して何か歯がゆさがあった。自分の夢物語では、覚せい剤自己使

用事件でも、こうしたかった。それを書いたときは、「どこかの場面で、こういう法廷に絶対してみせるぞ」みたいな、その宣言みたいに書いた。

虫本　これを書いたときも、「明日から全員やれ」という感じではなく、もっと遠い未来に実現できたらいいなということですか。

神山　そうそう

虫本　不同意にした書証を作成した「警察官を既に在廷させています」みたいな。

神山　それも、「こういうことになるんだろうな」という自分のイメージでしたね。

久保　その論文の最後に、「公判中心主義の実践、調書裁判の打破の最大かつ究極の課題は、刑事事件のほとんどを占める、公訴事実に争いのない事件における不同意→証人尋問の実践だと思う」（44頁）とあります。

神山　すごいな。私は、これを1997年に書いていたんだ。

虫本　2018年に千葉で研修をやってもらったとき、まさにそういうことをおっしゃっていましたが、それを20年以上前から本当に言っていたんだなということを知ってすごいなと思いました。

趙　でも、当時、これをやりたくてもやれない、その一番の障害は何だったんですか。

神山　正直言って、一番の障害は、裁判官の嫌な顔でした。やっぱり、自尊心というのがあって、「裁判官にばかにされたくない」みたいな心理があります。「全部不同意にするなんて、この弁護人は何を言っているんだ。ばかか」という顔で見るわけです。だから、それに対して、「何を言ってるんですか」と頑張りたいけど、なかなかそうはいかない。やっぱり、不機嫌な裁判官の顔を見ながら、法廷はやりたくないという意識があったんでしょうね。だから、今、不同意にしても不機嫌にならない時代が来て、何と素晴らしいじゃないかと思います。逆に言うと、「裁判官は今まで不機嫌だったじゃないか。それを反省しているのか」と本当に言いたいです。裁判官の論考を見ると、いかにも、「公判中心主義は、自分たちは初めから分かっていた」というような顔をしているけど、全くそうではありませんね。

趙　その意味では、裁判員裁判は、刑事裁判を変えたきっかけとしては最大のものですね。

神山　でしょうね。これは否定できないし、少なくとも裁判員裁判が入ることによって、公判中心主義を、あの不機嫌な顔をしていた裁判官が自覚的に言わなければならなくなった。しかも、それが受け入れられてきたということは本当に素晴らしいことで、逆に言うと、私は、今の若い弁護士がうらやましいです。やろうと思ったら、もともとそういう場面があるわけじゃないですか。われわれのときは、そういう場面をつくること自体が非常に苦労でしたからね。

趙　神山先生の頭の中に、時代がようやく追い付いてきたわけですね。

神山　いやいやいや。

趙　公判中心主義がだいぶ実現されてきていると言われている最近の刑事裁判について何か問題意識はありますか。

神山　一番の問題意識は、この前、司法研修所について座談会をして感じたことですが、真の当事者主義を実践していきたいということです。私の頭の中にあるのは、裁判官の介入をさせたくない。裁判官に介入をさせないためには、両当事者が、ある意味、放っておいてもちゃんとやるという信頼を持たせる以外にないと思います。どんなに頑張っても、裁判官が、「しょせん、検事は駄目だし、弁護士は駄目だ」と思っていると、彼らは絶対に介入してきます。

　そうならないために、全国の弁護士に力をつけてほしいし、それから、検察官にも同じような力をつけてほしい。当事者主義を本当に守ろうと思ったら、われわれは、裁判官に口出しをさせない力量を持たなければ駄目だと。そういう意識が、私は、今、ものすごく強いです。だから、検察庁の講演を引き受けたとき、若い検察官にも、「そうしよう」と言っているし、呼ばれれば全国のいろんなとこへ行って、「そうしなきゃ駄目なんですよ」ということは一生懸命言っています。

６．司法研修所の教官時代のこと

虫本　司法研修所の教官就任のお話があったときに、「どうしようかな」とか、

迷いとか葛藤はかなかったですか。

神山　迷いとか全然なかったね。私は、珍しいですけども、司法研修所の教官をやりたくてしょうがなかったからです。でも、過去4回立候補したけど、ならせてもらえなかった。「もう一遍出ますか」と言われて、「もちろん、出させてもらえるならぜひ出たい」ということで立候補しました。今から思うと、あんまり早い時期に出ていても、私自身の役割をうまく達成できなかったかもしれない。だから、裁判員裁判時代になって、私の役割を十全に発揮できるなと、いい時期だったことは間違いないです。

虫本　改革の流れをちゃんとつくり出せるタイミングになってきたということですね。

神山　そういうこと。それはうれしかったね。

虫本　むしろ何で昔は断られていたのかというのが不思議です。

神山　裁判員裁判時代に入ったことによって、「変えなきゃしょうがないだろう」という意識が、裁判所内部にもきっと出たんでしょうね。

虫本　結局、教官を何年やられたんですか。

神山　普通、3年のところを、改革に時間を要したこともあって、丸4年やらせてもらって、非常に楽しかったです。「神山先生、一番楽しい仕事は何ですか」と言われると、きっと私は、「教官」と言うと思う。若い人たちを相手に、「あるべき刑事弁護というのは、こういうもんだ」ということを偉そうにしゃべりまくれるわけじゃないですか。快感ですね。

虫本　4年やって、「ここは、やっぱり変わったんじゃないか」という手応えというか、「ここは変えてきた」という、そういうのは何かありますか。

神山　日弁連が裁判員裁判の対応のためにアメリカから講師を呼んできて法廷弁護技術研修をやりましたが、そこで「ケースセオリー」という言葉を使って、裁判が始まる前に、ゴールを見据えて説得の論拠を作るんだということを教えていました。この考え方をともかく徹底しようということではじめました。今、67期以降、私の授業を聞いた人たちは、それが大事だということは分かってくれているかなと思います。

　今後は、その質を高めていくためには、「ケースセオリーをどうやってより

いいものにしていくか。何を検討しなければいけないのか」というようなこと
は考えていかなければいけないですね。

　若い頃は、ストーリーなんて考え方は全くなかったからね。「検察官が出し
てくる証拠をとことん弾劾すればいい。弾劾できるところは、ともかくたたく。
それでいい」、立証責任は向こうにあるから、それでいいんだという考え方が
普通でした。しかし、それだけでは足りないということを法廷弁護技術の中の
ケースセオリーということで学びました。

趙　なるほど。最近、確かに本当に若手の人は、事件とか研修とかやっても、
みんなケースセオリーという考え方がすごく浸透していると感じます。一方で、
ベテランの人たちの中には相変わらず弾劾的刑事弁護の考え方の人も少なくな
くて、世代間の断絶を感じます。

神山　そうですね。教官をやったことで全国の弁護士会に行きました。全国の
弁護士の中で問題があると思ったのは3つあって、1つ目は、黙秘がなかなか
受け入れてもらえないことです。

　2つ目は、ケースセオリーにも関わるですが、争点を考えて絞り込む、これ
がまだ受け入れられない。「何で？　言えることは全部言えばいいじゃないか。
何でそれがいけないんだ」と、よく批判されました。

　3つ目は、「被告人質問先行をやりましょうよ。せっかく乙号証を使わない
で審理できるという方向になっているんだから」というと、これに対する批判
がまた手厳しいです。「何で？　乙号証は分かりやすいじゃないか」と言われ
ます。「ここに書いてあることで間違いがないんだから、読んでもらえばいい
じゃないか。何でわざわざそんなことしなきゃいけないんだ」となるわけです。
正直言って、そんなに抵抗があると私は思ってもみなかった。

趙　それは各地域のベテランの弁護士たちですか。

神山　そうです。捜査段階では、「正直にしゃべりなさい」と言い、言えるこ
とは全部言い、乙号証に間違いなければ、それを裁判官に読んでもらったうえ
で、足りないことを尋問するだけで足りるということにどっぷり漬かってきた
んだろうな。そういう状況を今後さらに変えていくのは、私なんかよりも皆さ
ん方若い世代です。

7. 裁判員裁判時代と公判中心主義

趙　公判中心主義というのは、いろんな抵抗勢力はあるにせよ、一定程度実現できているという評価ですか。

神山　裁判員裁判はそうなるけれども、それ以外はいいというダブルスタンダードというのは良くないと、私は思っていて、さっき例に出た「原則は不同意」というのを書いたときも、争いのない、ごく普通の事件についてということをイメージしていましたから、全ての事件で、そっちに持っていきたい。

　そこは、なかなかいまいちで、それこそ若い弁護士さんの大きな仕事は、それだろうと思います。若い先生方が賛同してくれて、自分が受けるごく普通の事件から、それを全部実践していく。それをやっていけば、変わっていけるだけの時代の流れはあるような気がします。

趙　検察官が最初に書証を請求して同意か不同意かという、この法律とは違う運用が変われば、検察官も最初から人を請求するようになれば、それは、最終的にはすごく理想形のような気がします。

神山　そうです。そこは検察官も覚悟を持ってもらわないとね。要するに、今心配しているのは、検事がそういうふうにやろうとしたら、抵抗勢力は、「ところで、調書はあるんですか」と聞いて、「調書があるんだったら開示してください」と言うので、開示されたものを弁号証として出すということにもなりかねないような気がします。だから、検察官としても、そこは、事件があったら、被害者にしろ目撃者にしろ何にしろ、性犯罪とか、特別な配慮を要する事件じゃない限り、「分かりました。じゃあ、証人に出てもらいますので、お願いします」という捜査をすればいいと思います。

虫本　争いのない簡単な事件こそ証人尋問をやるべきというか。先ほどの記事でも、短い時間で捜査官の主尋問を15分位やって、反対尋問も10分位で必要な部分だけ直接尋問で確認するといった裁判が描かれていました。そういうイメージが当時からあったというのはすごいですね。

趙　理想の直接主義、公判中心主義の法廷と最近の特に裁判員裁判の法廷を比

較してみたときに、裁判員裁判は、もちろん、公判中心主義と言われてはいるけれども、裁判所は、証人でやるところと書証でやるところで結構区別して、「いや、ここは争点と直接関係ないんだったら、別に証人を呼ばなくていいじゃないか」というようなプレッシャーを結構かけてきているような感じがします。ひょっとしたら、さっきの当事者主義とも関わるのかもしれないですが、裁判所は、当事者が何をどう立証するかまで結構介入してきて、見かけ上の公判中心主義を実現しようとしているような感じも受けるんですが、どうですか。

神山 裁判官は、間違いなく今の弁護士や検察官を信用していない。弁護士の言うとおりのことをしていたら、裁判がむちゃくちゃになると裁判官は思っていますね。

趙 そうですね。

神山 ある意味、例えば、裁判員裁判の中でも、裁判官自身が自分に自信があって、「当事者に任せておいたって、最後、自分がちゃんと仕切れる」と思っている人は、割とさせるじゃないですか。だから、その辺のところで、逆に言うと、どんなに頼りない裁判官でも、「弁護士、検察官に任せておいて大丈夫だ」と思ってもらうのが先決かなと、私はずっと思っています。

趙 なるほど、弁護人、検察官が力をつけなきゃいけない。

神山 裁判官にいくら言っても駄目です。裁判官研修の中でも同じことを言っていて、「我慢しなさい」とか言っているけれども、「神山先生、我慢できないです」と言うから、「それは我慢しなきゃ、永遠に良くならない」と言っているけれども、駄目です。

久保 証人の負担や、裁判員の負担を裁判官は気にしているなと思います。

神山 あるよね。でも、裁判員は負担には感じないと思います。目の前で行われる法廷を見たいわけで、どの裁判員も朗読される調書を耳で聞きたいなんて思っているわけはありません。裁判員はまじめだから、本当にいい審理をして、いい評議をしたいと思っているからで、負担には全く感じていないと思います。確かに証人の負担はあるだろうけども、それは証人だからしょうがないです。

趙 義務があるわけですからね。

神山 そうそう。しかも、そこは昔と違って、主尋問も厳選された事実を聞き、

反対尋問もポイントを絞ることがコンセンサスになってくれば、証人の負担といっても、別に法廷に一瞬出てきて話して、反対尋問に答えるだけだから、そこまでならないと思います。

趙 この神山先生の論文だと、別にその証人が語る事実に争いがなくたって、こっちがそれを分からなかったら、「『何で同意できるんですか』と直接聞きましょう」（前掲「原則は不同意」季刊刑事弁護9号）と、そういう話です。

神山 そうです。ええこと言っているでしょう。

久保 本当にいいことです。

趙 本当にそのとおりだと思う。最近、公判中心主義が実現されているとか言われていますが、裁判所の考えはだいぶ違っていて、「争いがないなら書証で」というところがまだまだ強いです。その意味で、この理想には全然追い付いていません。

神山 高野隆さんが、「ともかく不同意にする」とよく言われるのは、まさに私もそう思っています。例えば、私のやった事件でも、たばこの吸い殻があって、そのたばこの吸い殻を見て、「これはあなたが捨てたものですか」と言われても、それが自分が捨てたものかどうか、分かるわけがありません。DNA鑑定が正しければ、自分の吸い殻だなと思う程度のことです。

　同じように、覚せい剤でも、「このビニール袋、これ、あなたが持っているものです」って言ったって、分かるわけないです。

趙 そうですね。

神山 だから、それは当然検察官が立証しなければいけないわけです。その立証が成功し、「じゃあ、私のたばこだ」という認定がされるとすると、「では、このたばこはかくかくしかじかで、犯行以外のときに捨てたものだと思います」という話になるし、覚せい剤を間近で持っていれば、「それはかくかくしかじかで持っていたと思います」となるわけで、その辺のところは、ちゃんと整理をしないと変なことになります。

8. 指定検察官になって

趙 神山先生といえば、東電事件（東電女性社員殺人事件）で有名ですが、もう1つの東電事件（東電裁判）についてお伺いしたいと思います。

久保 「東電の神山」がまた指定弁護士という立場で別の東電にかかわることになりましたが、差し支えない範囲でお願いします。

神山 まず、若い先生からよく聞かれるのは、刑事弁護では犯人ではないということで、無罪を取る活動をずっとしてきて、今度立場が変わって有罪を取りに行くわけです。「何かやりにくくないですか」と言われますが、違和感は全くありません。なぜか分かりませんが、刑事裁判というものが好きなんでしょうね。だから、私たちは依頼者を守る立場なわけで、依頼者が被告人であれば、被告人が、「やってない」と言えば、やっていないということを訴訟手続の中で徹底的にやります。今、私たちの依頼者が被害を受けた人たちということになれば、私たちは証拠に基づいて、合理的な疑いを容れない立証に全力を尽くします。

あくまでも裁判というルールの中で闘うわけで、違和感は全くありません。ある意味、何が何でも有罪にしろというよりも、私たちは証拠に基づいて合理的な疑いを容れない立証をしてみせると、そんな意気込みでやってきました。

趙 検察官を受けるのはもちろん初めての経験だったと思いますが、検察官役をやるということについて、受ける前は迷いとか、何か葛藤みたいなものはありましたか。

神山 ばか正直に言ってしまうと、私は法廷が好きですから、裁判官は嫌だけど、当事者であればどっちもやってみたいと思っていましたから、違和感はなかったです。

趙 ああ、そうなんですね。

神山 裁判の一方の当事者である検察官は多くの刑事裁判をやってきているのだから、もっとうまい立証ができるだろうと思いますね。

趙 うんうん、検事に対してね。

神山 「検事たちは何て尋問が下手なんだろう」と思った自分がいるものですから、やらせてもらえるのであれば、誰からも後ろ指をさされないいい冒陳をし、いい主尋問をし、いい論告をしようみたいに思っていました。

趙 いざやってみて、これまで弁護人の側からは見えなかったものがいろいろ見えていると思いますが、いかがですか。

神山 本当に勉強になります。検察の書証を含めて検察が集めた証拠は、ともかくいちから全面証拠開示的に見れるわけです。やっぱりよくできていますよ。よく捜査している。それが分かっただけでも、価値があるし、「ああ、ここまでやってんだ」とか、「こういうものまで取ってるんだ」とか、そういうことは勉強になりましたね。

趙 逆に言うと、それだけのマンパワーなりお金なりを、証拠を作ったり集めたりするのに費やせるということですね。

神山 向こう側はね。だから、逆に言うと、そういうものの全部を分析して、それこそ合理的な疑いを残さないために、どのように組み立てていくかというのは変な話だけど、ある意味、やりがいのある仕事だなと思いましたね。

久保 その膨大な証拠について、弁護人への開示はどういう対応をされましたか。

神山 それは石田さんとも相談をして、まだ法律のできる前でしたが、全面証拠開示しました。全ての証拠を開示するということで、証拠一覧表を弁護人に全部渡しました。そうすると、弁護人はそれを見て、必要と思うものをどんどん謄写に来ます。折に触れて、追加の書証ができあがれば、一覧表をどんどん追加していくというようなことをしました。

趙 基本的には、手にしている証拠はほぼ同じということですか。

神山 同じというか全部渡していました。もちろん、弁護側が一覧表を見て、閲覧に来たけれども、弁護団は謄写まで必要はないと思ったものはしていないと思います。検察官としても、もちろん現職の本物の検事はどう考えるか分かりませんが、全面証拠開示は検事には楽な制度だと、私は思います。「これだけで全てです」と、「どうぞ」と、それしか言わないからね。

虫本 検察庁は、開示する証拠を選別する作業がすごく大変そうですね。

神山 今、若い人たちで、もしチャンスがあれば、指定弁護士を絶対にやった ほうがいいと思う。

虫本 そうですね。

9.3つのお願い

趙 教官の話がさっき少し出ましたけれども、教官をやられて、神山先生の薫 陶を受けた人たちがたくさんいると思います。

神山 そうなんです。

趙 ここらで一句お願いします。

神山 若い人たちに教育しました。そして、修習生が卒業するときに、大体送 る言葉を言いますが、これも1つ句を作って、大体こんなことを言っているな と思うものを最後に句にしました。「腕磨き　感じ腑に落ち　伝え継ぐ」と言 いました。

　つまり、みなさんにはやってほしいことが3つある。1つは、ともかく研修 を受けてトレーニングを積んで腕を磨いてほしい。その次にやってほしいこと は、磨いた腕をぜひ実践で使ってくれと。使って、感じてほしいというのは、 その技術の心地良さ、技術の有効性というか高揚感、そういうものをまず感じ て、そして、「あ、なるほど、この技術は価値を持っているんだ」ということ を納得して、腑に落ちてほしい。感じたり、腑に落ちたりすることがなければ、 その技術は身につかないわけです。

　そして、3つ目にやってほしいのは、やがて君たちだって先輩になっていく わけだから、今度は自分が、「あ、なるほど、研修を受けてやってよかった」 と思うこの技術を伝えてほしい。自分だけで終わらせるのではなくて、今後自 分たちの下に来るであろう人たちに伝えてほしい。「この3つのことをぜひや ってくれ。君たちがそうしてくれるのだったら、この国の刑事弁護はどんどん 良くなっていく。それは、私の望みだ」と、最後に言って送り出しています。 この業界は、自分たちの後輩を育てていくという仕事を私たちはやらなければ いけません。

つまり、師弟関係があり、徒弟関係があった場合に、上のことを受け継いだ人間がさらにそれを伝えていく、特に、「刑事弁護なんて職人芸だ」と言われます。しょせんは、暗黙知がたくさんあるわけで、「そういうものを下に伝えていくことをしないと、広まっていかない」。それは、この年になってからだから分かったのかもしれないけれども、本当に感じますね。

趙　それは、要は、言葉にしなければいけないということですか。「俺の背中を見てまねろ」では駄目ってことですか。

神山　やり方は２つあります。１つは、「俺の背中を見てまねろ」というよりも、俺の背中を見せなきゃいけないという仕事があります。つまり、研修ばかりではなくて、一緒に弁護活動をやるなりして、見せなきゃいけない。確かに、私は自分が育てられたのを考えたら、高山さんも別に面と向かって教えてくれたわけではないし、石田さんは全く面と向かって教えるわけではありません。

　ただ、意識していたかどうか知らないけど、後ろ姿を見せてくれていました。

　次に、姿さえ見せていればいいというものではなくて、今のご時世、それだけでは今の下には伝わっていきません。それは、言葉にできるものであれば言語化するということです。

　もう１つは、研修メソッドです。要するに、こういう方法で研修をすれば上達するというメソッドの開発とかをやっていかなければいけません。

久保　それで一句あるんですか。

神山　今、私が言ったことが私の最後の仕事だろうと、「仕事して　今昔語り　姿見せ」と。

久保　なるほど。

神山　「仕事する」というのは、具体的な事件を請けなければいけない、「今昔を語り」というのは、今、裁判員時代になったから、今、話題に出たように、昔はそういうのがありました。公判中心主義というのは、苦労に苦労を重ねてやっと手に入れたと言っていいようなものなので、「昔、こうだったんだ。だから、この苦労して手に入れたものは、絶対手放してほしくない」と。私たちは語り部として「今昔」を語っていかなければいけない。それが失われてしまうと、どっかでぷつんと継承が切れてしまう。それから、最後、私たちは、や

っぱり偉そうに物を言うよりも、後輩に姿を見せなきゃいけない。その姿が目に焼き付けば、何かの役に立つ。確かに、私なんかも自分がそうやって育ってきたから、そうだなと思う。

久保 では、今後もたくさん事件を受けて下さるということですね。

趙 これは大変なことになりますよ。

久保 研修にも来ていただけるということですね。

神山 「若い人たちにこんな本を作ってもらった恩があります。恩は仕事で返さなければいけないです」と最後に書きました。

趙 これは大変な覚悟ですね。

10. なぜ「五・七・五」を作りはじめたか

趙 ところで神山先生と同世代の刑事弁護をやっている人たちに対して特別な気持ちはありますか。

神山 あります。やっぱり同世代の中の意識している友人がいますね。明らかに日々意識していると思うのは、2人いて、それは岡慎一弁護士であり、高野隆弁護士であることはきっと間違いないと思う。それぞれがあまりにも個性的な弁護活動をしています。

趙 神山先生も十分個性的です。

虫本 全員そう言います。

神山 自分が事件を請けたときに、岡さんだったらこの事件をどうするだろうか、高野さんならどうするかということを常に考えます。もう1つは、この2人には負けたくないという意識もありますね。そういうものは間違いなく持っているし、そういうことを持たせてくれる仲間がいること自体は本当にありがたいことだと思います。

もちろん、ここに名前を挙げた人たちでなくて、他にもたくさんいますが、常に意識する人、私に常に意識させる人がいるというのは、ある意味幸運なことだという気はしますね。

趙 ちなみに高野先生や岡先生とは、いつ頃からの関係ですか。

神山 高野さんと親しくなったのは、日弁連刑事弁護センターができて、高野さんがアメリカからちょうど戻ってきたときです。ミランダの会が出来たのは1995年です。岡さんとも、刑弁センターができた頃に、2人で事件をやったことがきっかけです。

趙 ということは、弁護士10年ぐらいからということですか。

神山 明らかに意識するようになったのは、裁判員裁判を迎えることになって、高野さんは法廷弁護技術を、岡さんは理論的な解説をと、そこで意識するようになったのは間違いありませんね。

この「五・七・五」の生い立ちもこの句にありますが、「何で全部こんな『五・七・五』にしているんだ」と言われますが、結局、2人に対する対抗意識だったことは間違いありません。

虫本 横文字じゃなくて。

趙 そういう句がありますよ。

神山 あるある。「僕ならば　十と七文字　和の心」というのがあります。

久保 これはそういう意味なんですね。

神山 要するに、厳密な正確性にこだわるのは岡さんです。でも、それを「五・七・五」ぐらいにしたいと。一方、高野さんは常に横文字を使うから、横文字でないものにしたいと思いました。それで考え出したのが、「『五・七・五』でいいじゃないか」と。

これは私自身がもともと日本的なものが好きだというのもあるけれども、「ルール・オブ・スリー」とよく言います。それで3つを「五・七・五」にまとめるというのは、非常にまとめやすいからです。そういうことで、私は、ある日突然、全ての講義を全部「五・七・五」でできないかと考えたことがあります。どんな講演を頼まれても、ほぼこれで、「五・七・五」だけで行けます。

虫本 そのスタイルの講演を見たことあります。

神山 私の理想としては、この和のリズムが何となく雰囲気として記憶に残ってくれれば、語り継ぐ材料にはなるのかと思いました。司法研修所でもこれをやったら、嬉しいことに、あるクラスは、例えば反対尋問で、「誘導で　好きに言わすな　ですね、ハイ」みたいなものを書き出して貼ってくれていました。

11. 「五・七・五」はいつ作るのか

久保 この『五・七・五』はどんなときに作るんですか。

神山 まず、今言ったように、刑事弁護の講義をするときに、「五・七・五」で講義ができないかと思って書きましたが、そのほかに、例えば、裁判官の問題だとか、評議の問題だとか、あるいは、検察官に対する講義のときの話とかいろいろとあります。

例えば、理想の検察官像については、「力持ち　受けて動ぜず　誇りあり」、「権力を持っているんだよ、それを自覚しなさい」と、自覚して常に堂々としていてほしいということです。例えば、「黙秘に対してぐちゃぐちゃ言うな」と、黙秘されたら、「どうぞ」と、受けて動ぜず堂々としてくれと。「誇りあり」というのは、権力を持っているんだから潔くあるべきであって、例えば、論告が採用されず、判決で救済してもらうようになれば、それは十分に反省してほしい。一審で負けたら、検察官のほうが控訴するというのはあってはいけないんだというようなことを思って仕事をしてほしいと思って、こんなことを書きました。

趙 ちなみに、裁判官のほうは？

神山 裁判官のほうは、「なぜ裁判官裁判が問題なのか」を一般市民講座で理解していただこうと作ったものです。「幅狭く　判断慣れて　自信あり」。

要するに、「裁判官だけでは人生経験、社会経験の幅が狭い。また判断に慣れてしまっている。判断に慣れると新鮮な気持ちで判断しなくなる。そして、何よりも良くないのは、裁判官は自分の判断に自信を持っていることで、これは怖い」と。むしろ裁判員であれば、「よく分からないからこそルールに従って判断ができる」と、「やっぱり裁判官裁判には問題がある」ということを一般市民に対して言っています。

あと、評議のときに、裁判官がどうあるべきかを説いたときの句があります。これは、自分でも傑作の１つだと思っています。「当てて聞く　深くうなずき　次に行く」。つまり、「どうですか」と聞いては駄目です。「１番さん、どうで

すか」、「2番さん、どうですか」、その次に何か言ったときに、裁判官は言い返します。「ということはこうですね」とか、「それをまとめるとこうですね」、それはだめです。何か答えが出たら、「うーん」と深くうなずく。で、次へ行くということが重要です。

虫本　それ、いいですね。そうするべきです。

神山　あとは、せっかく本にしてくれるというので、自分の心情的なものも含めて、「あこがれに　あこがれ続け　あこがれる」とかを含めて少し書いてみました。

趙　ちなみに、詠んだものは、どこかに書き留めているんですか。

神山　いや、例えば、「名張あり　尽くす仕事に　限りなし」はわざと作りました。なぜ、これをわざと作ったかというと、これは前回のインタビューで「今後どうしますか」と言われたときに、「名張を勝ちたいです」と言いました。実は、それからもう6年たっているけど、勝てていないわけです。その間に、ご本人は亡くなって、妹さんが続けています。それで、これは自分に残された仕事だろうなと思って、自分の覚悟を忘れないために、これは残るんだろうなと思い作りました。

趙　今、残っている再審事件は名張毒ぶどう酒事件ですか。

神山　今、再審になっているのは名張です。ただ、冤罪を晴らさなければならない事件がほかにもあるから、それを踏まえて考えると、名張だけではありません。ただ、名張は弁護団に入ったのが1989年で、既に30年経過しています。30年かかって成果が挙げられていないということの悔しさだとか、重みとかを考えると、やっぱり特別です。

趙　そういうときに、自分への甘えではありませんが、「裁判官が悪いんだ」と、裁判官のせいにしたくならないですか。

神山　なるなる、間違いなくなります。そこは、高山さん、石田さんたち師匠との遭遇が大きく影響しています。それは、結局、説得できなかった責任がこっちにあるんだということを何度も教えられてきたから、私としては裁判官のせいにしたい気持ちもあるけど、それはしてはいけないだろうともう教え込まれていますね。

やっぱり説得できなかったら駄目だと思います。逆に言うと、私たちは、自分たちが負けたときの責任に対して、もっと覚悟を決めないといけない。アスリートは、金メダルが取れなかったと泣いて悔しがったら済むと思うけれども、私たちは負けた時点でその人の人権を侵害するわけですから、私たちの仕事は泣いて済むわけにもいかないし、誰かを批判して済むわけにはいかないということなんだということは、どこかで思っていなければいけません。そのことをずっと思っていたら夜も寝られません。

趙　先生は、そういう話を研修所で修習生に結構言いますね。

神山　いつも言っています。

趙　「もうプロなんだから責任を持て」と。

虫本　「それができないなら、素養がないと思え」という感じで言いますね。

神山　古い時代と違って、今は刑事弁護を誰もがやるという時代ではないと、私は思います。それは、刑事弁護も明らかな専門分野であって、むしろ、裁判員裁判が始まり、刑事法制がこれだけ複雑になってくると、これは完全な専門分野だと思います。

　そうすると、やりたくない人はもちろんやらなくてもいいし、逆に、やりたいとしてやるのであれば、それなりの力量を備えなければいけないし、それなりの覚悟も決めなければいけない。だからこそ、やりがいのある仕事であり、あるいは素晴らしい仕事だと思うべきです。それは、偉そうではあったけれども、そのことを研修ではしきりに言っていました。

虫本　そういう弁護人が増えれば、きっと真の当事者主義につながるということですね。

趙　そうですね。

久保　本日はありがとうございました。

神山　ありがとうございました。

（了）

神山刑事弁護とともに

大出　良知

九州大学名誉教授・弁護士

ある研究会で

　神山さんとの出会いは、もう35年ほど前になります。弁護士の方達からの問題提起に応じてはじまった若手の刑訴法研究者と弁護士との「令状実務」についての研究会の際だったと記憶しています。その研究会は、1985年から4年ほどつづき、その成果を法律時報に連載し、村井敏邦・後藤昭編著『現代令状実務25講』(日本評論社、1993年)としてまとめられることにもなりました。

　当時、進行していた令状実務の形骸化に、弁護士と研究者が連携して対応しようということではじまった研究会でした。確か、年に何回かの合宿の研究会で、毎回弁護士の出席者がいましたが、必ず出席していたのは神山さんだけだったのではないかと思います。彼が弁護士になってまだ3年目位からだったと思いますし、刑事専門弁護士を宣言する前でしたが、刑事弁護に対する思い入れを聞く機会はあったと思います。みんな若かったということもあり、問題関心を共有した率直な議論をすることができ、研究者の立場からといいますか、私は、憲法に即した原則的な刑事弁護の担い手が現れたという印象を強く持っていたと思います。

　しかし、彼にそのような気負いが有ったかどうかはわかりません。ただ飄々と、刑事弁護が好きで、楽しんでいるということだったのかもしれません。

刑事専門弁護士宣言

　そのうちに、それが何時だったか定かではないのですが、確か豊田商事事件の被害者救済のための弁護団の仕事に一段落がついたところで、彼は、我々に、刑事専門弁護士宣言をすることになりました。「もう、民事事件は一切受けない」と言ったと思います。その時は、主観的な宣言ということではあったにせよ、日本の弁護士で「刑事専門弁護士」といえるのは、彼しかいなかったのではないかと思います。

　ということで、それ以来、刑事弁護に関わって協力を得たい時には、ことある毎に付き合ってもらってきただけでなく、楽しく冗談も言い合う友人としても交友を重ねてきました。ですから、彼との関係でのエピソードは、大げさに言えば、数え切れないくらい有ります。例えば、彼のライフスタイルや事務所のことなど、それぞれが、彼の刑事専門弁護士としての人となりを示してもいるように思いますが、切りがありませんので、刑事専門弁護士としての活動に関わって、弁護士の人たちからとは違う視覚から私の知る〈刑事専門弁護士神山啓史〉を紹介しておきたいと思います。

　といっても、紹介できることは、刑事弁護の第一人者として見込んでの私からの頼み事ばかりです。

『刑事弁護』の編集

　最初の本格的な頼み事だったかもしれないのが、1993年になって完成した刑事弁護のためのマニュアル『刑事弁護』（日本評論社）の編著者になってもらったことでした。1980年代の末になって刑事訴訟の実情が「絶望的」（平野龍一）という認識が広がっており、その事態の打開は、刑事弁護の実践に期待する以外にはないということにもなってきていました。そこで、「研究者と弁護士が協同して、刑事弁護の実践のあり方とそれを支える刑事弁護の理論を明らかにする作業にとりかかろう」(同書はしがき)ということでした。そして、

多くの弁護士、研究者に協力していただいたのですが、実践的には、神山さんの経験に負うところが大きかったことは間違いありません。

その目指したところは、「第一に、弁護士であるならば誰もがやれる弁護活動を描くという実践性を追求することであり、第二に、憲法と刑事訴訟法が与える弁護の手段を尽くした徹底した弁護のあり方、原則を貫いた弁護のあり方とその理論的根拠を提示することである。」(同前) ということでした。そして、「本書の示した弁護の実践については、あるいは理想論に走りすぎているのではないかという批判が加えられるかもしれない。しかし、枠にとらわれた弁護の実践では事態の打開はありえないというのが、我々の基本的態度である。そして、本書の示した弁護の実践は努力次第でやりきることができるというのが、我々の認識である。」(同前) と宣言しました。そして、彼のアイデアで、その努力を支える類書では初めだったと思いますが、「逮捕に対する人身保護請求書」から、「更新手続における意見陳述要旨」まで、34 通の「刑事弁護書式」の雛形を添付しました。もちろん、すべて彼の実践で使用されたものでした。

この本の上梓後、神山さんは、毎年のように司法研修所の刑事弁護教官候補として推薦されていましたが、当時は採用されることにはなりませんでした。しかし、神山さんは、毎年、ゲストとして招聘され、ほとんどの修習生に話をする機会を得ていたと聞いています。そのこともあってだと思いますが、この本は、版を重ね多くの修習生に利用されていました。その意味では、神山刑事弁護は、教官に採用される前から修習生に範を示していたといってよいでしょう。

『季刊刑事弁護』全頁読破の読者

この本のことがあったからでもありますが、1995 年には、『季刊刑事弁護』(現代人文社) を創刊することになり、当然のこととして、神山さんにも編集に加わってもらいました。表紙には、研究者の編集委員 4 名の名前を表記していましたが、神山さんをはじめとする弁護士の方達の編集委員としての協力なしに『季刊刑事弁護』の継続はあり得ませんでした。季刊誌であるにもかかわらず、

毎月のように、刑事弁護の充実・発展による刑事裁判の改善・改革を願い、毎回さながら研究会のような編集会議を行っていました。幸い『季刊刑事弁護』は、この秋（2019 年 10 月）、創刊 25 周年、100 号を迎えることになりました。創刊時の編集委員は、40 号までの 10 年間で、後進に、その役割を委ねましたが、その志は間違いなく受け継がれていると確信しています。神山さんは、創刊号以来、現在まで、間違いなく唯一、全頁を読破している読者でもあり、『季刊刑事弁護』の発展を見守り続けてくれていますし、時々登場し神山刑事弁護の心構えを披瀝してくれています。

裁判員裁判の導入に大賛成

　そんな神山さんには、当然ですが、私の授業のゲストとして何度もきてもらっています。私は、彼のことを「最も信頼している刑事弁護士の一人」と紹介するのが常でしたが、そのプレゼンテーションは、内容といい、テンポといい、その紹介に違わない、鮮やかなものでした。そもそも彼は、刑事弁護士の華麗な法廷弁論にあこがれていたということだったと思いますが、彼こそは、裁判員裁判時代に最も相応しい刑事弁護人の一人ではないかと思います。

　残念ながら、まだ裁判員裁判での彼の弁護活動を傍聴することはできていませんが、想像はできます。ということもあって、実は、私が、司法制度改革推進本部の「裁判員制度・刑事検討会」の委員を引き受けるにあたって、唯一、意見を聞いたのは神山さんでした。私の周りには、導入に反対や批判的な人も多かったのですが、心は決まっていましたし、日頃の彼の言動からすれば、反対ではないと思ってはいたのですが、長年共に刑事弁護の充実・発展を願い、その実践に学んできた最も信頼する刑事弁護人の一人である彼に、弁護人としての意見を聞いておきたいと思ってのことでした。

　「神山さん、あなた正直なところ、裁判員裁判の導入に賛成？」との問に、彼は、開口一番「もちろん、大賛成ですよ」という答えでした。つづけて、その理由も聞きました。

　その理由は、刑事裁判の実態についての私の認識とも近いものでした。「大

出さん、今の裁判では、弁護人がいくらガンバッテも、聞く耳を持っている裁判官はほとんどいないよ。裁判員が加わって、弁護人の意見に一人でも真摯に耳を傾けてくれる判断者が法廷にいることになったら全く違いますよ。」といったことでした。口頭主義の申し子のような彼にして言い得た意見だったでしょう。本当に彼の意見を聞いて良かったと思いました。

　ところで、最後の頼みというわけではありませんが、弁護士登録をしている私の夢は、神山さんと一緒に裁判員裁判の弁護を担当することなのですが、残念ながら、私の実務能力では拒否されて夢に終わりそうです。せめて、傍聴に行って、タメ口論評をさせてもらうことぐらいは許してもらえればと思います。

（おおで・よしとも）

第5章　神山啓史弁護士を語る────────

畏友　神山啓史

村山　浩昭
大阪高裁部総括判事

　神山啓史、これほど刑事弁護を純粋に愛している人を私は知らない。

　私は、35期の司法修習生として、京都で実務修習をしたが、その際、一風変わった修習生がいた。それが神山啓史だった。神山氏の方が年長ではあるが、親愛の情を込めて「神山さん」又は「君」と呼ばせてもらう。

　神山さんのことで、今でもよく思い出すことが、二つある。一つは、確か、刑事裁判修習で同じ部に配属されたときのことだ。昼休み、君は、他の収修習生とは違い、裁判官室で、一人黙々と刑事訴訟法と規則を読んでいた。その後は「反対尋問」の本など読んでいたようだ。結構強烈な印象だった。当時の修習生では誠に珍しかった。ガリ勉タイプかと思ったが、違った。純粋に好きで、必要だと思うから、励んでいたのだ。君と私はタイプは違うのに、なぜか気が合った。君を獲得しようと、検察教官が足繁く君のところに通ってきていたのを私は知っている。君も一時的には迷っていたようにみえた。ある時、君は、「検察も魅力だが、自分は刑事弁護を目指したい。」と語った。あの時から、君の、日本の刑事弁護改革の闘いが始まったのだと思う。

　神山さんは、弁護士になって、間もなく刑事専門の弁護士になった。収入は少なかったようだ。私が、判事補の最後の方で東京の任地になったときに何度か会った。母親に言われたという。「せっかく苦労して司法試験に受かったのに、生活保護すれすれの収入では、結婚もできないではないか。」と。今も変わらないが、修習生の頃からの甲高い声で、笑いながらそういった。私は笑い事ではないと思ったが、君は楽しそうだった。

　当時、当番弁護士制度なるものが始まっていた。確か、1990年頃に大分弁

護士会が最初に始めたように記憶しているが、何といっても大都市東京できちんと実施できるかどうか、正に正念場だった。君は、いつになく、笑顔を見せずに、「ここで、弁護士会が当番弁護士制度を定着できなければ、被疑者国選なんか絶対できない。」と言い放った。毎日弁護士会館に詰めて、依頼があれば、一日に何件も接見に行くという。来る日も来る日もそうだという。そういう君の姿には、神々しさが漂っていて、私は胸が熱くなった。「彼のこの努力がどうか報われますように。」これが二つめの思い出である。2004年、被疑者国選弁護制度が認められた。画期的であった。君やお仲間の懸命な努力の賜物だ。

神山さん、今でも講演や研修で全国を飛び回っているようですね。君の、「深みがあるのに、くどくなく」、「難しいことでも、分かり易く」、「初めて会った人でも、前から友人であったように」、語り、行動する姿、そして、何よりも、君が、刑事弁護を愛してやまない、無私の人であることが、今では君をカリスマの地位にまで押し上げた。神山さんの35年以上にわたる奮闘は、日本の刑事弁護の質を間違いなく向上させた。やる気のある若手を育てた。裁判官の私もそう思う。神山啓史、君の刑事弁護、刑事司法の改善、改革の闘いは、まだまだ終わらない。今までのように、誰からも愛され、浸透するような神山流の闘いを！

（むらやま・ひろあき）

神のような変人？　神山啓史弁護士に思う

押田　茂實

日本大学名誉教授・法医学

DNA型鑑定元年

　1985（昭和60）年がDNA型鑑定元年でした。つまり、NatureにDNA指紋法が掲載され、ScienceにPCR法が掲載されていたからです。

　1985年6月1日に、仙台の東北大学助教授から、日本大学医学部法医学教授に小生は移動してきました。その2月後にJAL御巣鷹山事故が発生し、日本法医学会理事長（熊本大学）から「庶務幹事の君が現地で指揮を取れ！」と命令され、現地に駆けつけました。4人が救命され、残りの520人が2000以上のパーツで発見されていました。何とか518人の確認はできましたが、約300の足が個人識別できずに合同茶毘された のが残念でした。

　この足の件について、何とかDNA型で解決できないかと思うようになったのです。しかし、新しい技術にはそれなりの危険性があります。最初にDNA型鑑定に飛びついたT大学で施行していたDNA型指紋法は、その後国際的に刑事関係では使用しないことになったのです。

DNA型実習

　その後、PCRの機器も安くなったので、1990（平成2）年頃よりDNA型の検査について研究を開始しました。それまで1週間かかっていたDNA型検査法を改善し、ほぼ1日で確実に検査できるようになりました。そこで、1993（平

写真説明：日本大学医学部（法医学）でのDNA型鑑定実習をする日弁連のメンバー。左から、筆者、岩田務弁護士、神山啓史弁護士、岡部保男弁護士（1995年9月20日）。

成5）年に（多分世界初の）DNA型検査の実習を日本大学医学生実習に採り入れました。この当時このような実習は珍しいので、東京の弁護士や司法修習生が毎年たくさん見学に来ていました。

　翌年（1994年9月）には日本弁護士連合会の委員のメンバーから、DNA型鑑定実習に特別に参加させて欲しいとの依頼があり、許可しました（13名参加）。その頃の写真を見ると、岡部保男弁護士（その後2010年に『Q&A見てわかるDNA型鑑定』の共同著書出版）と一緒に、神山啓史弁護士（当時は黒髪でした！写真参照）も参加していたのです。当時はDNA型鑑定といっても、ゲル電気泳動のMCT118（D1S80）型のみでした。弁護士各人の血液を採取し、その後弁護士自身がピペッティング等を行い、自分のMCT118型の検査に挑戦していました。当時は参加した弁護士の約3分の1はMCT118型の検査に失敗し、丸一日の苦労が無駄になったと嘆いていました。

　しかし、この経験が足利事件での毛髪の再鑑定（1997〔平成9〕年9月）

で役立ち、2010（平成22）年3月に無罪となることなど、その当時には、まったく予想もできませんでした。

神山弁護士と東電女性社員殺人事件

ところが、1997（平成9）年3月に発生したいわゆる「東電女性社員殺人事件」に関し、小生に鑑定依頼にきたのが、神山弁護士だったのです。ネパール人のゴビンダ氏は一審（2000〔平成12〕年4月）では無罪だったのですが、控訴審（同年12月)では無期懲役になって、最高裁に上告していた時期でした。

神山弁護士は継続的に日本大学法医学DNA型実習に参加していましたので、顔なじみでした。2度と出来ないような、精液の時間的変化に関しての鑑定依頼でした。普通このような実験は断ることが多いのですが、神山弁護士の熱意に負けて、それでは出来る限りの実験を「（当時では破格の）100万円」で引き受けましょうということになったのです。日本中から集めたネパール人5人の精液の検査を1カ月間放置した場合の経過を観察することになったのです。しかし、ネパール人だけでは問題となる場合もあるので、日本人3人も追加しました。現場アパートには別な人が居住していたので、日大医学部内の使用していないトイレを使用し、経時的に精子の頭部がどのように変化するかを観察するのが課題でした。

熱心な検査技師さんによる無報酬の協力などにより順調に鑑定は進行し、2000（平成13）年7月に鑑定書を作成できました。検察側の意見が誤っており、ゴビンダ氏の無罪が見えてきたのです。ところが、足利事件と同様に最高裁はこの鑑定に一言もふれずに、上告棄却としたのです。その後延々と再審裁判が継続し、DNA型鑑定により2012（平成24）年6月にゴビンダ氏は釈放され、国外強制退去処分となり、その後無罪（2012年11月）となったのです。2017（平成29）年にゴビンダ氏は奥様と来日し、小生は（人生で初めての）堅いハグをすることになりました。

この「東電女性社員殺人事件」に関しては主任弁護士の神山氏を除いては語れません。独特の甲高い声で、「……」と主張されると、そうかなと納得して

しまいます。神山弁護士が刑事裁判官の「憧れの的」の弁護士ではないかと確信できた出来事もその後経験しました（今回は述べないことにします）。

　神山弁護士と最初にお会いした頃には、変人・奇人の筆頭レベルでした。他の弁護士が引き受けない刑事弁護のため？　恐るべき経済状況「生活保護一歩手前の経済状況（背広はない、ネクタイは一本だけ！？……）」が有名でしたが、その後龍谷大学法科大学院の教授となり、困窮状況から脱出した（？）と思われます。小生の50年の法医学人生の中で燦然と輝いている変人？（達人）弁護士であることは間違いのない事実と実感しています。今後とも刑事事件の真相解明に役立つ鑑定のウラ・オモテを理解できる後輩を育ててくださることを祈っております。

（おしだ・しげみ）

すきに生き　食べてほめられ　悔いはなし

　これまでの人生をふり返るとこうです。

　好きなことだけをやることができました。

　好きなことだけをして、不自由なく食べるだけの収入がありました。

　好きなことだけをして、それなりに評価されました。

　悔いのない人生です。

　こんな気ままができたのも、櫻井光政弁護士が、桜丘法律事務所に入れてくれたからです。

　感謝です。

仕事して　今昔語なり　姿見せ

　高齢者の仲間入りをし、さて、これからどうしていくのかを考えました。

　３つのことをしなければと思います。

　１つ目は、コツコツと国選事件をすることだと思います。

　いろいろな研修の講師をし、司法研修所の教官をやり、指定弁護士もやりました。

　しかし、基本は事件ですから。

　２つ目は、刑事司法の歴史を語る語り部になることです。

　古い時代を知らない人たちは、裁判員裁判時代になり黙秘できる、取調べの録音録画になった価値を、供述調書ではなく証人尋問、被告人質問をする公判中心主義になった価値をなかなか理解できません。

　あの時代を知っている私たちは、それがもともと与えられていたものではな

く、やっと手に入れたものなのだから、大事にしなければならないということを伝えていく責任があります。

　3つ目は、若い人と共同受任をして、仕事のやり方も含め、技術や所作、悩みに至るまで見せることだと思います。

　私も、先輩を見て学んできたのですから。

　若い人たちにこんな本を作ってもらった恩があります。

　恩は、仕事で返さなければいけないですよね。

櫻井光政弁護士（右側）と神山啓史弁護士　桜丘法律事務所にて。
「育て出し　北へ南へ　20 年」

◎編著者プロフィール

神山啓史（かみやま・ひろし）
1955年生まれ。中央大学法学部卒業。司法研修所第35期修了。1983年弁護士登録。
2014年〜2018年司法研修所教官。主な著作に、『新版 刑事弁護』（共編、現代人文社、
2009年）、『刑事弁護の基礎知識』（共著、有斐閣、2015年）、『刑事上訴審における
弁護活動』（共編著、成文堂、2016年）などがある。

◎編集協力
『五・七・五で伝える刑事弁護』刊行委員会
石田　愛・石村信雄・上野仁平・大薗昌平・加藤秀俊・久保有希子
髙橋宗吾・髙野　傑・趙　誠峰・中野大仁・水橋孝徳・山下瑞木

五・七・五で伝える刑事弁護
その原点と伝承

2019 年 10 月 30 日　第 1 版第 1 刷発行

編著者…………神山啓史
編集協力………『五・七・五で伝える刑事弁護』刊行委員会
発行人…………成澤壽信
発行所…………株式会社現代人文社
　　　　　　　〒160-0004　東京都新宿区四谷2-10八ッ橋ビル7階
　　　　　　　振替　00130-3-52366
　　　　　　　電話　03-5379-0307（代表）
　　　　　　　FAX　03-5379-5388
　　　　　　　E-Mail　henshu@genjin.jp（代表）／hanbai@genjin.jp（販売）
　　　　　　　Web　http://www.genjin.jp
発売所…………株式会社大学図書
印刷所…………株式会社ミツワ
装　　幀…………加藤英一郎